بسم الله الرحمن الرحيم

고급 현대 아랍어

نُصوص عَربية مُعاصرة

고급 현대 아랍어

초판 1쇄 발행 2000년 3월 24일
초판 2쇄 발행 2008년 1월 10일
초판 3쇄 발행 2010년 3월 10일
초판 4쇄 발행 2015년 3월 5일
초판 5쇄 발행 2019년 11월 1일

엮은이 손 주 영
발행인 김 인 철
발행처 한국외국어대학교 지식출판콘텐츠원
02450 서울특별시 동대문구 이문로 107
전화 02)2173-2493~7
팩스 02)2173-3363
홈페이지 http://press.hufs.ac.kr
전자우편 press@hufs.ac.kr
출판등록 제6-6호(1969. 4. 30)
인쇄 · 제본 네오프린텍(주) 02)718-3111

ISBN 978-89-7464-177-1 13790 정가 14,000원

*잘못된 책은 교환하여 드립니다.

HUiNE은 한국외국어대학교 지식출판콘텐츠원의 어학도서, 사회과학도서, 지역학 도서 Sub Brand이다. 한국외대의 영문명인 HUFS, 현명한 국제전문가 양성(International +Intelligent)의 의미를 담고 있으며, 휴인(携引)의 뜻인 '이끌다, 끌고 나가다'라는 의미처럼 출판계를 이끄는 리더로서, 혁신의 이미지를 담고 있다.

이 책의 음원(mp3)은 한국외국어대학교 지식출판콘텐츠원 홈페이지 (press.hufs.ac.kr) - 게시판 - 자료실에서 다운받아 사용하시기 바랍니다.

고급 현대 아랍어

손주영

نُصوص عَربية مُعاصرة

تـــأليف

الدكتور سون جو يونج

HU:iNE

일 러 두 기

※ 원형동사 외의 파생동사 표시는 우리말 뜻 앞에 로마형 숫자로 표시하다.

〈보기〉 استخلص (Ⅹ) … 을 뽑아내다, 추출하다

خفّف (Ⅱ) 경감시키다

※ 미완료 동사의 모음표기는 기본형 바로 뒤에 다음과 같은 기호로 표기되었다.

〈보기〉 تَبِعَ (ـَ) ، كَسَبَ (ـِ) ، حَلَمَ (ـُ)

※ 명사의 복수형은 단수명사 뒤에 복수형 표기를 한 후 제시하였다.

〈보기〉 رَصِيفٌ (ج : أَرْصِفَةٌ) ، تَجْرِبَةٌ (ج : تَجَارِبُ)

※ 자주 쓰이는 동명사는 동사의 기본형 뒤에 제시하였다.

〈보기〉 وافق مُوَافَقَة ، اقترح اِقْتِرَاح

※ 단어연구에서의 동명사 혹은 능동, 수동분사는 괄호속에 파생 출처를 표시해 주었다.

〈보기〉

صياغة (صاغ Ⅰ 형의 동명사)

مُطّلع (اطّلع Ⅷ 형의 능동분사)

مُقْتَضَب (اقتضب Ⅷ 형의 수동분사)

※ 약자 · 약어는 다음과 같이 표기하였다.

〈동〉 동의어 〈비〉 비슷한 말

〈반〉 반의어 〈참〉 참고

〈예〉 예 문 〈형〉 형용사

〈전〉 전치사

머 리 말

이책은 초급 아랍어 과정을 마친 중급수준 이상의 아랍어 학도가 실용적이고 현대적인 중·고급 아랍어를 익히기 위한 학습 교재용으로 만들어졌다. 우리나라와 아랍국가들 간에는 정치 외교 통상분야 뿐 아니라 군사 교육 문화 등 거의 모든 분야에서 긴밀하고 공고한 유대관계가 유지되어 왔고 과거 어느때보다 한층 활발한 상호교류가 이루어지고 있다. 그런만큼 최근들어 부쩍 각분야에서 아랍어를 능통히 구사할수 있는 전문인력을 필요로 하고 있다. 이러한 시대적 요청에 부응하여 이책은 아랍어 전공자나 아랍지역 전문가가 되고자 하는 아랍어 학도를 위해 쓰여진 것이다.

이책은 강독용으로 꾸몄기 때문에 문법설명은 구문연구에서 매우 간단히 하였다. 이책의 선용은 아랍어 문장을 되풀이 하여 읽고 가능한 구두점까지 문장전체를 외우는데에 있다. 빠르고 쉽게 아랍어를 습득하는 방법으로 필자는 좋은 문장을 그대로 외워가는 외우기 언어숙달법을 권하고 싶다. 그래서 이책에서는 단어와 숙어를 최대량 신속히 익힐수 있도록 기본적인 뜻풀이를 해 놓았고, 아랍어 본문마다 충실한 우리말 해석을 달아놓아 정확한 독해를 통해 문장외우기가 용이하도록 하였다. 그런다음에는 거꾸로 우리말 해석을 아랍어로 번역하는 아랍어 작문연습이 가능할것이다. 그러니까 이책을 잘 활용하면 눈으로 아랍어를 보면서 동시에 입으로는 우리말을 쏟아놓는, 혹은 우리 글을 보면서 동시에 입으로는 아랍어를 말 하는 소위 아-한, 한-아 문장구역(文章口譯) 연습이 가능할 것이다. 또한 내용에 따라 본문을 정치, 경제, 사회, 문화등 분야별로 나누었고 난이도를 고려하여 과 배열을 해놓았으므로 효율적인 전문용어의 습득과 전문분야 아-한 통번역 연습을 할수있는 매우 유용한 교재가 될것이다.

이책은 6부로 구성되었다. 제1부에는 방문, 초청, 영접, 회동, 회담, 회의에 관련된 글들이 담겼고 제2부에는 정치, 외교, 군사, 안보, 국제협력에 관련된 주제의 글들이 실렸다. 제3부는 경제편으로 금융, 외환, 석유, 무역, 산업및 경제협력관계의 글들이 주를 이루고 있고, 제4부는 사회편으로 시위, 소요, 파업, 납치, 화재, 홍수에 관련되는 글들이 모아져 있다. 제5부는 문화편이다. 학술, 언론, 스포츠, 예술분야의 글들이 담겼으며, 마지막 제6부에는 남북한, 한일, 북일, 한미, 미일, 북미 상호관계의 소식과 문제들이 다루어진 시사적인 글들이 들어있다. 그런데 이책의 우리말 해석을 보면 간혹 문맥이 매끄럽지 못하거나 어휘선택이 적절하지 못한 것 같은 경우가 있는데 그것은 아랍어 원문에 충실한 번역을 시도하였기 때문이다. 이책을 펴낸 목적이 고급아랍어 숙달과 교육에 있는 만큼 직역된 우리말 해석은 비록 어색하고 딱딱할 지라도 아랍어 실력배양에는 유용할 것이다. 또한 인명, 지명, 사건, 시기가 내용상 불일치하는 경우도 간혹 발견되는데 그것은 필자가 필요에 따라 바꿔놓았기 때문이니 양해 해주기 바란다. 이책에 나오는 인명, 국명, 지명 등 고유명사는 발음이 두드러지게 영어나 우리말화한 것을 제외하고는 아랍어학습 효과를 위해 아랍어 발음에 따라 표기하였다.

이책은 『고급 현대 아랍어』라는 책명을 가졌다. 그것은 오늘날 아랍사회에서 널리 사용되고 있는 보편적인 실용아랍어, 시사아랍어, 문어체 아랍어에 초점을 두고 책을 꾸몄기 때문이다. 즉 최근의 아랍어 신문, 방송, 잡지 및 여러 아랍어 교재들 중에서 이책의 목적에 적합한 글들을 발췌하여 본문을 구성한 것이다. 참고한 신문, 잡지, 학술서명은 워낙 많고 필자가 편의상 원문을 임의로 바꾸어 인용한 경우가 많기 때문에 생략하기로 한다. 다만 필자가 이미 10년전에 펴낸바 있는 현대 아랍어 강독(남양사, 1989)에서도 일부 좋은 예문이 재인용되었음을 밝혀둔다.

이책이 완성되기까지 여러 제자와 후학들이 수고하였다. 아랍어 문법을 설명해 놓은 구문연구는 요르단 대학교에서 아랍어문법학을 전공한 이인섭박사가 직접 쓴것이고, 이박사는 좋은 본문의 선정을 위해서도 세심한 도움과 배려를 아끼지 않았다. 이책의 편집은 〈곽아랍어〉의 곽순례 선생이 하였다. 바쁜중에도 틈틈히 많은 시간을 할애하며 이책을 만드는 데에 헌신적인 노력을 해주었다. 아랍어 컴퓨터 워드 프로세서 작업을 해준 〈곽아랍어〉의 이지영양에게도 고마움을 표한다. 그외에도 이책을 만들기 시작했던 초기에 예문뽑기에 참여해준 이명원, 김능우, 최진영, 김정아, 공지현 선생과 정종서군, 김재희양, 배윤례양 등 한국외대 통역대학원 출신의 자랑스러운 아랍어 통번역 전공자들 모두에게 심심한 감사의 말을 전한다.

유엔 공용어인 아랍어가 2001년 부터 중학교의 교육과정중 제2외국어로 채택되고, 2002년부터는 외국어 계열 고등학교에서 교육될 예정이니 이제 우리나라에도 새로운 아랍어 교육의 시대와 장이 열리게 되었다. 교재개발을 지원해준 한국외국어대학교와 출판을 맡아준 외대 출판부에도 감사의 뜻을 표한다.

이땅에서의 아랍어교육의 발전과,
아랍어 실력 향상을 위해 이책을 선택한 아랍어 학도의 정진을
빌면서 … .

2000년 새 아침
이문동 연구실에서
손 주 영

차 례

◘ 제 2 부 정치, 외교, 국제협력

제 4 부 사회 (사회문제, 시위, 파업, 납치, 천재지변)

◘ 제 6 부 한국 - 북한 - 미국 - 일본, 4자관계

(남북, 북미, 한미, 미일, 북일관계)

제 1 부

الباب الأول

제1부 1과

الملك عبد الله يزور كلا من تونس وليبيا

الدرس 1

ذكر مصدر تونسيّ اليوم أنّ جلالةَ الملك عبد الله بن الحسين سوف يزور تونسَ قريبا بدعوة من الرئيس زين العابدين بن علي. وقال إنّ جلالتَه سوف يَصلُ إلى تونسَ في التاسعَ عشرَ من كانونَ الأوّل القادم في زيارة تَستغرِق خمسةَ أيامٍ. وأضاف المصدر قائلا إنّ الملكَ عبد الله قد يزور ليبيا كذلك ، ولكنّ موعدَ زيارته لليبيا لم يُحَدَّدْ بعدُ.

단어・숙어연구

زار (يَزُورُ) ، زيارة	방문하다, 순시하다
مصدر (ج : مصادرُ)	원천, 근원지; 소식통
جلالة	폐하 (원래 اللّٰه 에게 쓰는 용어이나 현대에는 왕에게 붙여쓴다.)
قريبًا	곧, 빠른 시간(시일)내에, 조만간
دَعْوة	초청, 초대
كانون الأوّل	12월 ديسمبر(كانون은 고유명사로 뒤에 오는 수식어는 한정형태이다)
قادم	다가오는, 다음의, 차기의
استغرق	(Ⅹ)…가 소요되다, …(시간)이 걸리다
أضاف إلى ...	(Ⅳ)…에 덧붙이다, 첨가하다
미완료동사 + قد	아마도 …할 것이다
مَوْعِد (ج : مواعدُ)	약속, 약정된 시간
حَدَّدَ	(Ⅱ)결정하다, 지정하다
بَعْدُ + 과거부정	아직 …하지 않았다

◘ 구문연구

① عبد الله은 동격이다 جلالة الملك 와 عبد الله , الملك 와

② في التاسعَ عشرَ : 13~ 19까지의 숫자는 격변화를 하지 않는다.

✲ 해석

압달라 왕, 튀니지아와 리비아를 각각 방문하다

오늘 튀니지아의 한 소식통은 압달라 빈 후세인왕 폐하가 자인 알 아비딘 빈 알리 대통령 초청으로 조만간 튀니지아를 방문할 예정이라고 언급했다. 그리고 국왕 폐하는 5일이 걸리는 방문차 오는 12월 19일 튀니지아에 도착할 것이라고 말했다. 그 소식통은 압달라 왕이 리비아도 방문할지 모르나 그의 리비아 방문 일정은 아직 확정되지 않았다고 덧붙여 말했다.

제1부 2과

ملكة هولندا تزور إندونيسيا

الدرس ٢-١

جاكارتا - رويتر : وصلت الملكةُ بياتريكس ملكة هولندا أمس إلى العاصمة الإندونيسيّة جاكارتا بادئةً زيارةً رسميّةً إلى إندونيسيا، وهي مُسْتَعْمَرَةَ هولنديّة سابقة، تستغرق عشرةَ أيّام.

ويشمل برنامج لقاءات الملكة الاجتماعَ بالرئيس الإندونيسيّ عَبْد الرَّحمن وَاحِد في قصر الرئاسة الرسميّ الّذي كان مقرّاً للحاكم الهولنديّ العامّ إبّان فترة الاحتلال الّتي استمرّت نحوَ أربعة قرون.

❀ 단어 · 숙어연구

수도 عاصمة (ج : عواصمُ)

بادئةً	시작하며
استغرق	(Ⅹ)(시간 등이) 걸리다
لقاء (ج : لقاءات)	만남, 회동, 회합
مقرّ (ج : مقارّ)	본부
حاكم عامّ	총독
إبّانَ ...	…동안

구문연구

① بادئةً 은 حال (상태문) 이고, زيارة رسميّة 는 بادئة의 목적어이다.

② ملكةُ هولندا 는 앞의 الملكة 와 동격이다.

해석

네덜란드 여왕, 인도네시아를 방문하다

자카르타 - 로이터 : 베이트릭스 네덜란드 여왕이 과거에 네덜란드의 식민지였던 인도네시아에서의 10일간의 공식방문을 시작하여 어제 인도네시아 수도 자카르타에 도착하였다.

여왕의 회동 일정은 4세기 가량 지속되었던 점령기간 동안 네덜란드 총독의 관저였던 인도네시아 대통령궁에서 압둘 라흐만 와히드 인도네시아 대통령과의 회합을 포함하고 있다.

الدرس ٢-٢

وقد تضمّن برنامج ملكة هولندا أمس أيضا وضعَ اكاليلَ من الزهور على النصب التذكاريّ لضحايا الحرب الإندونيسيّين والهولنديّين وحضور مأدبة عشاء علاوةً على إجراء مباحثات غير رسميّة مع عبد الرحمن الواحد. والجدير بالإشارة أن زيارة الملكة بياتريكس هذه هي أوّل زيارة ملكيّة هولنديّة لإندونيسيا منذ الزيارة الّتي قامت بها والدتها الملكةُ جوليانا عامَ ١٩٧١.

단어 · 숙어연구

تضمّن	(Ⅴ)포함하다, 함유하다
إكليل (ج : أكاليلُ)	왕관, 화환, 화관
وضع أكاليل من الزهور	헌화를 함
النصب التذكاريّ	기념비
ضحية (ج : ضحايا)	희생자
مأدبة عشاء	만찬
عِلاوةً على ...	…에 덧붙여서, …외에 또
الجدير بالإشارة أن ...	지적할 만한 것은 …이다

구문연구

① وضعَ أكاليل 는 تضمّن 의 목적어. أكاليل 은 연결형 제2요소 이지만 2격명사이기때문에 ـَ 로 표현된다.

해석

또, 어제 네덜란드 여왕의 일정은 압둘 라흐만 와히드 대통령과의 비공식 회담을 갖는 것외에도 인도네시아와 네덜란드 전몰희생자 기념비에 헌화하는 것과 만찬 참석을 포함했다. 그리도 지적할 만한 것은 베이트릭스 여왕의 이번 방문이 1971년 그녀의 모친인 줄리아나 여왕이 행했던 방문 이래 네덜란드 왕실의 첫번째 인도네시아 방문이라는 것이다.

제1부 3과

وزير خارجيّة بيرو يصل القاهرة

الدرس ٣

القاهرة : وصل القاهرةَ اليومَ قادماً من طرابلسَ "ميشيل دولا فلاور" وزير خارجيّة بيرو في زيارة لمصر تستغرق أربعةَ أيام.

ومن المقرَّر أن يجتمعَ فلاور خلال هذه الزيارة مع يوسف بطرس غالي نائبِ رئيس الوزراء ووزير الاقتصاد والتجارة الخارجيّة عَمْرٍو موسى وزيرِ الخارجيّة وعددٍ من المسؤولين المصريّين لبحث وسائل تدعيم الروابط السياسيّة والاقتصاديّة بين البَلَدَيْن.

❀ 단어 · 숙어연구

من المقرَّر أنْ ...	…할 예정이다
نائب (ج : نُوّاب)	대표의, 대리의; 하원의원
نائب رئيس الوزراء	부수상
وسيلة (ج : وسائلُ)	수단, 방법
تدعيم	지지, 강화
رابطة (ج : روابطُ)	유대, 끈

✻ 해석

페루 외무장관 카이로 도착하다

미첼 둘라 플라워 페루 외무부장관이 4일간 소요될 이집트 방문차 트리폴리로부터 와, 오늘 카이로에 도착하였다.

플라워 장관은 이번 방문기간 동안 유세프 부르투스 갈리 부수상겸 경제 · 대외무역 장관과 아무루 무사 외무부장관 그리고 많은 이집트 책임자들과 양국간 정치적, 경제적 유대강화 방안들을 논의하기 위하여 회동할 예정이다.

제1부 4과

زيارة وزير الخارجيّة المصريّة للولايات المتّحدة الأمريكيّة

الدرس ٤

باريس : وصل إلى باريس اليومَ قادماً من واشنطن السيّدُ عمرو موسى وزيرُ الخارجيّة المصريّة في طريق عودته إلى القاهرة بعد انتهاء زيارته للولايات المتّحدة الأمريكيّة.

وقد عقد كلٌّ من السيّد عمرو موسى ومادلين أولبرايت جولة أخيرة من المحادثات استغرقت ساعةً قبل مغادرة الوزير المصريّ لواشنطن.

وقد قام السفير المصريّ في الولايات المتّحدة وأعضاء السفارة وكبار الرسميّين في وزارة الخارجيّة الأمريكيّة بتوديع السيّدِ عمرو موسى لدى مغادرته.

단어・숙어연구

قادمًا من ...	…로부터 오면서
في طريق ...، إلى ...	…로 가는 도중에, …길에
عقد ، عقْد	개최하다, 열다
غادر ، مغادرة	(Ⅲ)떠나다
عضو (ج : أعضاء)	회원, 일원, 위원, 구성원
أعضاء السفارة	대사관원들
كبار الرسميّين	고위 공직자들
ودّع ، توديع	(Ⅱ)배웅하다, 환송하다,
لدى	(위치)…에서, (시간)…때

구문연구

① استغرقت ساعةً 는 جولة أخيرة를 수식하는 문장

② كبار الرسميّين에서 الرسميّين은 첫째 ياء 에 شدّة 가 쓰인다.

해석

이집트 외무장관의 미국 방문

파리 : 아무루 무사 이집트 외무장관은 그의 미국 방문을 마치고 워

싱톤으로부터 카이로로 돌아오는 길에 오늘 파리에 도착했다.
아무루 무사씨와 매들린 울브라이트는 이집트(외무부)장관이 워싱턴을 떠나기전 1시간에 걸친 최종회담을 가졌다.
미국 주재 이집트 대사와 대사관원들, 미국무성의 고위관리들은 아므루 무사씨가 떠날때 환송을 했다.

제1부 5과

عُمَر البشير يُجري مباحثاتٍ في ليبيا غداً

الدرس ٥

الخرطوم : صرّح الرئيس السودانيّ عمرالبشير أمس للصحفيّين أنّه سيقوم بزيارة رسميّة إلى ليبيا غدا.

ومن دون أن يوضح مدّة زيارته إلى طرابلسَ، أوضح عمر البشير أنّها تدخل في إطار الجولة العربيّة الّتي بدأها في المدّة الأخيرة وزار خلالها المملكةَ العربيّة السعوديّة واليمن.

ويرى المراقبون أنّ زيارة عمر البشير إلى ليبيا تُشكّل استمرارا للمحادثات السودانيّة الليبيّة التي جرت أخيرا حول مشروع وحدة بين البَلَدَيْنِ.

단어 · 숙어연구

صرّح ، تصريح	(Ⅱ)선언하다, 밝히다
رسميّ	공식적인, 정식의
من دون أن ...	…없이, …하지 않고
إطار (ج : أطُر)	테두리, 틀; 타이어
مشروع (ج : مشاريعُ)	계획, 프로젝트, 사업
وحدة	통일, 통합, 단일

구문연구

① زار خلالها의 ها는 جولة를 가리킨다.

✲ 해석

오마르 알 바쉬르, 내일 리비아에서 회담을 갖다

카르툼 : 오마르 알 바쉬르 수단 대통령은 어제 기자들에게 그가 내일 리비아로의 공식 방문을 행할 예정이라고 밝혔다.

트리폴리로의 그의 방문 기간을 밝히지 않은 채, 오마르 알 바쉬르(대통령)은 이번 방문이 최근에 시작해서 그 동안 사우디 아라비아 왕국과 예멘을 방문한 아랍국 순방의 일환에 포함되는 것이라고 밝혔다.

관측통들은 오마르 알 바쉬르의 리비아 방문이 양국간의 통일계획에 관하여 최근에 진행되었던 수단·리비아 회담들의 연장선을 이루는 것이라고 보고 있다.

제1부 6과

جولة لعرفات في عدد من العواصم

الدرس ٦

القاهرة : يقوم ياسر عرفات رئيس اللجنة التنفيذية لمنظمة التحرير الفلسطينية قريبا بجولة في عدد من العواصم العربية .

وقالت مجلة "آخر ساعة" المصريّة في عددها لهذا الأسبوع أن عرفات سيجري اتصالات خلال هذه الجولة تتعلق بالتطورات الأخيرة للقضية الفلسطينية وإقامة حكومة فلسطينيّة مؤقّتة والتنسيق قبل الذهاب إلى مؤتمر جنيف .

❀ 단어·숙어연구

جولة في ...	(국가, 도시등의)순방, 순회
عاصمة (ج : عواصم)	수도
منظمة التحرير الفلسطينية	PLO(팔레스타인 해방기구)
قام بـ ...	…을 하다, …을 수행하다

	〈문〉 بـ 뒤에는 반드시 사건, 행위를 나타내는 동명사가 온다.
أجرى	…을 행하다
	〈비〉 عمل على، قام بـ
اتّصال (ج : اتّصالات)	연결, 접촉
تعلّق بـ …	…와 관련되다, 상관되다
تطوّر (ج : تطوّرات)	진전, 발전, 〈복〉사태추이, 상황 진전
إقامة	세움, 수립
مؤقّت	시간제의, 임시의
إقامة حكومة فلسطينية مؤقّتة	팔레스타인 임시정부 수립
تنسيق	(문제의)조정, 정리

◘ 구문연구

① تتعلق... 는 اتصالات를 수식하는 절이다.

② مؤقّتة 는 حكومة 를 수식하는 단어이다.

✲ 해석

아라파트 - 다수의 아랍국가들 수도 순방

카이로 - 팔레스타인 해방기구 집행위원회 의장 야세르 아라파트는 조만간 다수의 아랍(국가) 수도들을 순방할 예정이다.

이집트의 "아키르 싸아"지는 이번주 호에서 아라파트는 제네바회담에 가기전 이번 순방동안에 팔레스타인 문제에 대한 최근의 진전 상황들 과 팔레스타인 임시정부 수립과 조정에 관련된 접촉들을 행할 것이라고 말했다.

دعوة وزير خارجيّة البرتغال لزيارة ليبيا

الدرس ٧

لشبونة : ذكرت وزارة الخارجيّة البرتغاليّة اليومَ أنّ الدكتورَ ماريو سواريس، وزيرَ الخارجيّة، قَبِلَ دعوةً تلقّاها من وفدٍ ليبيٍّ يزور لشبونةَ لزيارة ليبيا، وسيحدّد موعد الزيارة في وقت قريب.

وقالت الوزارة إنّ الدكتور سوازيس تلقّى الدعوة أمس من وفدٍ ليبي اجتمع إليه وإلى السيد فاسكو دوس سانتوس كونكلافيس رئيس الوزراء. وقد غادر الدكتور سواريس لشبونة بعد ذلك إلى لوساكا لعقد محادثات مع رئيس جبهة تحرير موزامبيق تتعلق بمنح هذه المستهمرة استقلالها.

단어 · 숙어연구

تلقّى	(V)받다, 접수하다
وفد (ج : وفود)	대표단, 사절단
جبهة (ج : جِباه، جبهات)	이마, 앞부분, 전선
تعلّق بـــ	(V)…에 관련되다.
مَنَحَ، مَنْح	주다, 부여하다, 수여하다
مُسْتَعْمَرَة	식민지

구문연구

① 비한정 단어 위에 오는 문장은 수식절이다. 예를 들면 تلقّاها 는 دعوة 를 수식하고 يزور لشبونة 는 وفد ليبي 를 수식한다.

② تتعلّق بمنح هذه المستعمرة استقلالها 라는 문장은 محادثات 을 수식한다. 여기서 استقلالها 는 동명사 منح 의 목적어이다.

✲ 해석

포르투갈 외무장관 리비아 방문 초청

리스본 : 오늘 포르투갈 외무부는 외무장관 마리요 스와리스 박사가 리스본을 방문하고 있는 리비아 대표단으로부터 받은 리비아 방문 초청을 수락했으며, 가까운 시일에 방문일자를 정할 것이라고 발표했다. (포르투갈) 외무부는 스와리스 박사가 어제 자신과 파스코 도스 산토스 콘클라피스 수상을 예방한 리비아 대표단으로부터 초청장을 받았다고 말했다. 스와리스 박사는 그 후 리스본을 떠나 모잠비크 해방전선 의장과 이 식민지 (모잠비크)에 독립을 부여하는 것과 관련된 회담을 개최하기 위해 루사카로 향했다.

제1부 8과

بيري يزور سراييفو الجمعةَ

الدرس ٨

زغرب : ذكرت الإذاعة البوسنيّة أمسِ نقلا عن مصادرَ في وزارة الدفاع البوسنيّة أنّ وزير الدفاع الأمريكيّ وليام بيري سيقوم بزيارة للعاصمة البوسنية يومَ الجمعة المُقْبِل.

ويتوقّع أن يلتقيَ بيري خلال زيارته للبوسنة كبارَ المسؤولين السياسيّين والعسكريّين البوسنيين كما سيجتمع مع قادة قوات حفظ السلام الدوليّة في البوسنة والهرسك.

وتأتي زيارة بيري في إطار جولته الحاليّة في دول شرق أوروبا والبلقان بدأها أمسِ بزيارة رومانيا وتتضمّن زيارة تركيا واليونان وبلغاريا وألبانيا ومقدونيا وكرواتيا وإيطاليا.

وكان بيري قد حذّر من خطر رفض خطّة السلام الدوليّة للبوسنة الّتي وضعتها مجموعة الاتّصال الدوليّة المؤلّفة من ممثّلين للولايات المتّحدة وروسيا وفرنسا وبريطانيا وألمانيا منذ أسبوعين كفرصة أخيرة لإنهاء الحرب.

❀ 단어 · 숙어연구

إذاعة	방송, 송신
نقلا عن	…을 인용하여
مصدر (ج : مصادرُ)	원천, 소식통
التقى	(Ⅷ)만나다
حفظ	유지, 보존, 보호
قائد (ج : قادة)	지도자, 지휘자
قوات حفظ السلام	평화유지군
حذّر من ...	…을 경고하다
خطر (ج : أخطار)	위험, 위난
خطّة (ج : خطط)	계획, 기획
اتّصال	연락, 연결, 접촉, 교섭
مؤلّف من ...	…으로 구성된, 이루어진
فرصة (ج : فرص)	기회
إنهاء	종결, 종식, 완수, 완결

◘ 구문연구

① عن مصادرَ 에서 مصادر 는 2격명사이며 연결이나 한정이 되지 않은 상태라서 속격이 ـَ 로 표시된다.

② التقى 동사는 목적어를 취하는 타동사로 쓰일 수도 있고 전치사 (بـ) 를 수반하고 자동사로 쓰일수도 있다.

✲ 해석

페리, 금요일 사라예보를 방문하다

자그레브 : 보스니아 방송은 어제 보스니아 국방부의 소식통을 인용하여 윌리엄 페리 미국 국방장관이 오는 금요일 보스니아 수도를 방문할 것이라고 보도했다.

페리 장관은 그의 보스니아 방문기간 동안 보스니아의 정치 및 군사

고위 책임자들을 만날 것이며 또한 보스니아와 헤르체코비나의 국제 평화 유지군 지도자들과도 회동할 것으로 예상된다.

페리 장관의 방문은 동유럽 및 발칸 국가들에 대한 현재 그의 순방의 일환으로 이루어진 것인데 어제 루마니아 방문으로 시작했고 이 순방은 터키, 그리스, 불가리아, 알바니아, 마케도니아, 크로아티아, 이탈리아를 포함하고 있다.

페리 장관은 2주전에 미국, 러시아, 프랑스, 영국, 독일의 대표들로 구성된 국제 교섭 단체가 전쟁종식을 위한 마지막 기회로서 수립해 놓은 보스니아를 위한 국제 평화 계획을 거부하는 데에 대한 위험을 이미 경고한 바 있었다.

제1부 9과

كلينتون يجتمع مع السفير الروسيّ في واشنطون

الدرس ٩

عقد الرئيس الأمريكيّ بيل كلينتون في واشنطن اليومَ أولَ اجتماعٍ له مع السفير الروسيّ الجديد لدى الولايات المتّحدة.

وأعرب كلينتون للسفير الروسي في هذا الاجتماع الّذي حضرته مادلين أولبيرت وزيرة الخارجيّة وبرزينسكي مستشار الرئيس الأمريكيّ لشؤون الأمن القوميّ عن رغبته في توطيد علاقات بلاده مع روسيا.

단어·숙어연구

سفير (ج : سفراءُ)	대사
مستشار	고문, 자문관
شأن (ج : شؤون)	문제, 일
قوميّ	민족의, 국가의, 국립의
وطّد ، توطيد	(Ⅱ)…을 공고히 하다

✲ 해석

클린턴 대통령, 워싱톤에서 러시아 대사와 회동하다

빌 클린턴 미 대통령은 오늘 워싱톤에서 미국 주재 신임 러시아 대사와 첫 회동을 가졌다.
클린턴 대통령은 매들린 울브라이트 국무장관과 브레진스키 미대통령국가안보문제 담당 고문이 참석한 이 회동에서 러시아대사에게 자국의 대러시아 관계를 공고히 하고 싶다는 자신의 바램을 표명했다.

제1부 10과

فهر بن تيمور يجتمع بكارلوتشي

الدرس ١٠

مسقط : اجتمع نائبُ رئيسِ الوزراء لشؤون الأمن والدفاع بسَلطنة عُمَانَ فهرُ بن تيمور آلِ سعيدٍ صباحَ أمسِ في مسقط مع وزير الدفاع الأمريكيِّ فرانك كارلوتشي الّذي يزور سلطنة عُمَانَ حاليّاً.
وجرى خلال الاجتماع استعراض العلاقات الثنائيّة بين البلدَيْن والقضايا ذات الاهتمام المشترك.

❀ 단어・숙어연구

نائب رئيس الوزراء لشؤون	안보 및 방위문제 담당
الأمن والدفاع	부수상
جَرى (يَجْرِي)	발생하다, 일어나다, 진행되다
استعراض	조사, 검토
ثنائيّ	양자간의, 쌍무의
العلاقات الثنائيّة	쌍무 관계
القضايا ذات الاهتمام المشترَك	공동 관심사

✱ 해석

파흐르 빈 타이무르, 카를로치 장관과 회동하다

무스카트 : 파흐르 빈 타이무르 알사이드 오만 술탄국의 안보 및 방위 문제 담당 부수상은 어제 아침 무스카트에서 현재 오만을 방문하고 있는 프랭크 카를로치 미 국방장관과 회동했다.
회동중에는 양국간의 쌍무관계와 공동 관심사들에 관한 검토가 이루어졌다.

제1부 11과

الملك عبد الله : لقاء العقبة لم يتطرّق إلى الكونفدراليّة

الدرس ١١

عمّان : أكّد العاهلُ الأردنيّ الملكُ عبدُ الله بن الحسينِ في حديث مع صحيفة الحياة الّتي تصدر في لبنانَ أنّ لقاء العقبة لم يتطرّق إلى موضوع الوفد الأردنيّ - الفلسطينيّ المشترك أو موضوع الكونفدراليّة.
وأعرب عن اعتقاده بأنّ الرئيس الفلسطينيّ ياسرَ عرفات سيزور الأردنّ بعد جَلسة المجلس الوطنيّ الفلسطينيّ.

단어 · 숙어연구

ملك (ج : ملوك)	왕
لقاء	만남
تطرق إلى ...	(V)…을 언급하다, …을 다루다
كونفدراليّة	연방제, 연합체제
حديث (ج : أحاديثُ)	대담, 말
صدر ، صدور	발행되다, 나오다, 출판되다
وفد (ج : وفود)	대표단, 파견단

مُشْتَرَك	공동의, 공통의
أعرب عن ... ،	(Ⅳ)…을 표명하다, 피력하다
اعتقد	(Ⅷ)믿다
المجلس الوطنيّ الفلسطينيّ	PNC(팔레스타인 민족평의회)
جَلْسَة (ج : جَلَسَات)	회의

✲ 해석

압달라 왕 : 아카바 회동은 연방제를 다루지 않았다

암만 : 요르단 군주인 압달라 빈 후세인 왕은 레바논에서 발행되는 '알하야'지와의 대담에서 아카바 회동이 요르단 · 팔레스타인 공동 대표단 문제나 연방제 문제를 다루지 않았다고 확인하였다. 그리고 그는 야세르 아라파트 팔레스타인 대통령이 팔레스타인 민족평의회 회의가 끝난 후 요르단을 방문할 것이라는 자신의 믿음을 표명했다.

제1부 12과

الرئيس العراقي يجتمع مع مبعوث أمير قَطَر

الدرس ١٢-١

بغداد – أ. ف. ب : ذكرت وكالة الأنباء العراقيّة أن الرئيس العراقيّ صدام حسين استقبل أمسِ الأولَ مبعوثَ أميرِ قطرَ الشيخِ حمد بنِ خليفةِ آلَ ثاني.
ويقوم الشيخُ محمدُ بنُ خليفةِ آلَ ثاني وزيرُ الماليّةِ والصناعةِ والتجارة بأوّل زيارة لمسؤول قطريّ في هذا المستوى إلى العراق منذ حرب الخليج (١٩٩١). وقد نقل الوزير القطريّ رسالةً تتناول سبل تعزيز العلاقات الطيِّبة بين البلدَيْن في شتّى الميادين.

단어 · 숙어연구

مبعوث	파견된; 대리자, 사절, 대표
قام بـ ...	…을 행하다
في هذا المستوى	이 정도의, 이 수준의
سبيل (ج : سبل)	길, 도로; 방법, 수단
عزّز ، تعزيز	(Ⅱ)강화하다
شتّى	다양한, 모든 종류의

구문연구

① أمسِ الأوّلَ 그저께로 أمس 가 고정형 전성부사이기 때문에 대격에서도 أمسِ 로 쓰였지만 그 수식어는 원래대로 대격으로 쓰인다.

② الشيخَ محمّدَ بنَ خليفةِ آلِ ثاني 는 인명앞에 호칭이나 직분이 붙은 형태로 الشيخَ 와 محمّدَ 는 동격이다. 또 ابن خليفة 도 محمّد와 동격이라 격변화가 일치된다. (예) محمّدَ بنَ خليفةٍ / محمّدُ بنُ خليفةٍ

해석

이라크 대통령, 카타르 왕자의 특사와 회동하다

바그다드 - A.F.P. : 이라크 통신사는 사담 후세인 이라크 대통령이 그저께 쉐이크 함디 빈 칼리파 알 싸니 카타르 왕자의 특사를 영접했다고 보도했다.

쉐이크 무함마드 빈 칼리파 알 싸니 재무 · 산업 · 무역장관은 1991년 걸프전 이후 이런 (장관급) 수준의 카타르 책임자로는 최초로 이라크를 방문하고 있다. 이 카타르 장관은 모든 분야에 걸쳐 양국간 선린관계의 강화 방안들을 다루고 있는 한 서신을 전달했다.

الدرس ١٢-٣

وفي ديسمبر (كانونَ الأوّلَ) ١٩٩٣ اجتمع مساعد رئيس الأركان في الجيش القطريّ الشيخُ محمدُ بنُ فهدِ بنِ محمدِ آلِ ثاني مع الرئيس صدام حسين في بغدادَ. ثمّ أعلنت الدوحة بعد ذلك أن تلك الزيارة لم تكن رسميّة بل خاصة.

وكانت قطرُ قد شاركت في التحالف الدوليّ الّذي أخرج القواتِ العراقيّةَ من الكويت في فبراير (شُباطَ) ١٩٩١ بعد احتلال دام سبعةَ أشْهُرٍ.
يشار إلى أن قطرَ مع عُمانَ والبحرين تقيم علاقاتٍ مع العراق لكنّها تشدّد مع ذلك على وجوب احترام بغدادَ لجميع قرارات الأمم المتّحدة. أمّا الدول الخليجيّة الأخرى فلم تُعِد علاقاتِها مع بغدادَ.

✿ 단어・숙어연구

مساعد رئيس الأركان في الجيش	군 참모차장
احتلّ ، احتلال	(Ⅷ)점령하다
دام	지속하다
أقام علاقات مع ...	…와 관계를 수립하다
وجوب	〈وجب의 동명사〉의무, 필요함, 요구됨
احترم ، احترام	존경하다, 존중하다
أعاد ، إعادة	(Ⅳ)회복시키다, 복구하다

◈ 구문연구

① كانون 이나 شباط 는 고유명사와 같이 쓰이기에 수식어는한정으로 쓰인다.

② 지명을 나타내는 단어는 보통 격변화 하지 않거나 2격으로 쓰인다.
(2격의 예) قطر، بغداد، عُمان 등

✲ 해석

1993년 12월, 쉐이크 무함마드 빈 파흐드 빈 무함마드 알 싸니 카타르 군 참모차장은 바그다드에서 사담 후세인 대통령과 만났었다. 그후 도하(당국)에서는 그 방문이 공식적인 것이 아니라 사적인 것이었나고 발표했었다.
카타르는 7개월 지속된 점령후인 1991년 2월에 쿠에이트로부터 이라크군을 몰아낸 국제 연합군에 참여한 바 있었다.
지적할 만한 것은 카타르는 오만과 바레인과 함께 이라크와 관계를 맺고 있으나, 그럼에도 불구하고 카타르는 바그다드가 국제연합의 모든 결의안을 존중해야 함을 강조하고 있다는 점이다. 다른 걸프지역 국가들로 말하자면 바그다드와의 관계를 회복시키지 않았다

제1부 13과

فهد يصل غدا

الدرس ١٣

أبرزت الصحف المصرية اليومَ في صفحاتها الأولى برنامج زيارة الملك فهد عاهل المملكة العربيّة السعوديّة لمصرَ كما نشرت الصحفُ في صفحاتها الأولى صورا للعاهلِ السعوديّ.

وسيعقد الرئيسُ حسني مبارك والملكُ فهد سلسلةً من الاجتماعات المُغْلَقة أثناء زيارة الملك فهد للقاهرة والإسكندريّة وسيتبادل الزعيمان خلالها وجهاتِ النظر حول تطوّرات الموقف على الصعيد العربيّ والصعيد الدوليّ والإجراءات الخاصّة بمؤتمر جنيف وعقد مؤتمر القمة العربيّ.

كما تتناول المباحثات تدعيم العلاقات بين مصرَ والسعوديّة في مختلف المجالات ومشاركةِ السعوديّة مشاركةً فعالةً في مشروعات التعمير والتنمية.

단어・숙어연구

أبرز	(Ⅳ)대서특필하다, 드러내다
صفحة (ج : صفحات)	쪽, 면, 페이지
عاهل (ج : عواهلُ)	군주, 통치자
سلسلة (ج : سلاسلُ)	쇠사슬, 일련, 연쇄
مغلَق	닫힌, 폐쇄된, 비공개의
تبادل	(Ⅵ)교환하다
زعيم (ج: زعماء)	지도자, 지휘자
وجهة النظر (ج : وجهات النظر)	의견, 견해
تطوّرات الموقف	입장 진전

صعيد (ج : صُعُد)	고원, 고지, 범위, 분야, 차원
على الصعيد الدوليّ	국제분야에서
على الصعيد الاقتصاديّ	경제분야에서
إجراء (ج : إجراءات)	조치, 절차
تدعيم العلاقات	관계 강화
في مختلف المجالات	여러 분야에서
فعّال	효과적인, 효력있는
تعمير	복구, 재건, 건축, 건설
تنمية	개발, 발전

◘ 구문연구

① مشاركةً فعّالةً مشاركة السعوديّة فعّالة 에서 مشاركة فعّالة는 앞에 나오는 مشاركة의 절대목적어이고 السعودية 는 المشاركة 의 연결형 제2요소이지만 의미상으로는 주어가 된다.

✻ 해석

파흐드 내일 도착한다

오늘 이집트 신문들은 제1면에 사우디 아라비아 왕국의 군주 파흐드 국왕의 이집트 방문 계획을 대서특필하였으며, 또한 1면에 사우디 군주의 사진들을 게재했다.

후스니 무바라크 이집트 대통령과 파흐드 국왕은 파흐드 국왕이 카이로와 알렉산드리아를 방문하는 동안 일련의 비공개 회담을 가질 것이며, 두 지도자는 회담들중에 아랍적인 범주와 국제적인 범주에서 입장의 진전및 제네바 회담과 아랍정상 회담개최에 관련된 절차들에 대해 의견을 나눌 예정이다.

또한 그 회담에서는 여러 분야에 걸친 이집트와 사우디간의 관계강화, 그리고 건설과 개발계획들에 사우디가 효과적으로 참여하는 문제가 다루어질 것이다.

제1부 14과

وصول ممثّل الأمم المتّحدة إلى بيروتَ

الدرس ١٤

بيروت : وصل إلى العاصمة اللبنانية مساءَ الاثنَيْن ممثّل الأمم المتحدة في الشرق الأوسط. وكان الممثِل الدوليِ قد غادر عمَّانَ في الساعة الرابعة من بعد ظهر اليوم نفسِه على طائرة خاصّة بعد أن أجرى محادثاتٍ طويلةً مع الملك عبد الله بن الحسين وعدد من كبار المسؤولين في المملكة الأردنيّة.

وتقول وكالة الأنباء العربيّة إنّ البحث الّذي جرى خلال تلك المحادثات كان حول بعض الشؤون الدوليّة والشؤون العربيّة. وتقول الوكالة أيضا إنّ المحادثات الّتي جرت بين ممثّل الأمم المتحدة والملك عبد الله بن الحسين كانت هامة للغاية واستمرت من الساعة العاشرة قبل الظهر حتى الساعة الواحدة. وقد تمّ الاتّفاق على أكثر القضايا الّتي جرى بحثُها.

단어 · 숙어연구

ممثّل	대표자, 대리인
بعد الظهر (قبل الظهر)	오후 (오전)
أجرى ...	(Ⅳ)…을 실시하다, 진행하다
محادثة (ج : محادثات)	회담
جَرَى (يَجْرِي)	진행되다, 실시되다
للغاية	매우 대단히, 지극히
استمرّ ، استمرار	(Ⅹ)계속되다, 지속되다
تمّ	완성되다, 완료되다
اتّفق على ...	(Ⅷ)…에 대하여 합의하다
قضية (ج : قضايا)	문제, 대의

구문연구

① اليوم نفسه 는 같은 날의 뜻으로 문어체 표현이고, نفس اليوم 은 구어체 표현이다.

✲ 해석

국제연합, 대표 베이루트 도착

베이루트 : 대 중동 유엔 대표가 월요일 저녁 레바논 수도에 도착했다. 이 국제적 대표는 압달라 빈 후세인 국왕과 요르단 왕국의 고위 책임자 다수와 긴 회담을 실시한 후에 같은 날 오후 4시 특별기 편으로 암만을 떠난바 있었다.

아랍 통신사는 그 회담 중에 이루어진 논의가 일부 국제문제와 아랍 문제에 대한 것이었다고 전하고 있다. 그 통신사는 또한 그 국제연합 대표와 압달라 빈 후세인 국왕간에 있었던 그 회담이 매우 중요한 것이었으며, 오전 10시부터 오후 1시까지 계속되었다고 말하고 있다. 그리고 논의가 있었던 대부분의 문제들에 대해 합의가 이루어졌다.

제1부 15과

مجموعة من الفنّيّين والعاملين تصل بغدادَ للانضمام إلى بعثة المراقبين الدوليّين

الدرس ١٥

وصل إلى بغداد بعد ظهر أمس على متن طائرة خاصّة (٦٠) من الفنّيّين التابعين للأمم المتّحدة والعاملين في المنظّمة الدوليّة للانضمام إلى بعثة المراقبين الدوليّين المكلّفة بالإشراف على تدمير أسلحة الدمار الشامل العريقية.

✿ 단어 · 숙어연구

مجموعة (ج : مجموعات)	단체, 그룹, 집단
على متن ...	(배, 비행기 등)…을 타고,
فنّيّ	기술자, 예술가
تابع لـ ...	…에 속한, 소속의
الأمم المتّحدة	국제연합, UN

المنظَّمة الدوليّة	국제 기구
انضمّ إلى ... ، انضمام	(Ⅷ)…에 합류하다, 가입하다
بعثة (ج : بعثات)	파견단, 사절단, 대표단
مراقب	관찰자, 감시자
مكلَّف بـ ...	…의 임무를 맡은
أشرف على ... ، إشراف	(Ⅳ) 감독하다, 통제하다
تدمير	파괴
دمارٌ	멸망, 파멸, 파괴, 붕괴

✲ 해석

기술자와 실무자 집단, 국제 감시단에 합류키 위해 바그다드에 도착

어제 오후 특별기 편으로 국제연합 소속의 기술자들과 국제 기구의 실무자 60명이 이라크의 대량 살상무기 파괴를 감독하는 임무를 맡고 있는 국제감시단에 합류키 위해 바그다드에 도착했다.

제1부 16과

رسالة إلى غاندي من رئيس باكستان

الدرس ١٦

نيودلهي – ق. ن. أ : تلقَّت السيدة إنديرا غاندي رئيسة وزراء الهند رسالة من الرئيس الباكستانيّ محمد ضياء الحق .

ولم تُفصح وكالة الأنباء الهنديّة الّتي أوردت هذا النبأ عن مضمون الرسالة الّتي قام بتسليمها السيدُ رضا براشا السفيرُ الباكستانيّ في الهند خلال اجتماع السيدة غاندي به أمس .

❀ 단어 · 숙어연구

تلقّى	(Ⅴ)받다, 접수하다
... أفصح عن	(Ⅳ)…에 대해 털어 놓고 얘기하다, 명백히 말하다
أورد	(Ⅳ)(조심스럽게)언급하다, 인용하다, 말하다
(مضامينُ : ج) مضمون	내용, 알맹이

◘ 구문연구

① تلقّت 는 لقي 동사의 5형인 تَلَقّىً 가 여성형으로 쓰인 것인데, 스쿤 (السكون) 이 연속적으로 올 수 없다는 규칙 때문에 ي 가 생략되었다. 이런 규칙은 قالَ 동사의 남성형 명령형 에서도 보인다.

قال - يقول - قُولْ - قُلْ (명령형) 그러나 여성형 명령형은 قُولِي 로 쓰이는데 이때는 스쿤이 겹쳐 쓰이지 않기 때문에 واو 가 그대로 남아있다.

✲ 해석

파키스탄 대통령이 간디 수상에게 보낸 서신

'인디라 간디(Indira Gandi)' 인도 여수상은 '디야울 하크(Muhammad Zia Vi Hag)' 파키스탄 대통령으로부터 한 서신을 받았다. 그런데 이 소식을 보도했던 인도 통신사는 어제 간디여사와 회동 중에 인도 주재 파키스탄 대사 '레다 브라샤(Rada Brasha)'씨가 전달했던 그 서신의 내용에 대해서는 밝히지 않았다.

제1부 17과

رسالة من الرئيس الأمريكيّ لأمير البحرين

الدرس ١٧

المنامة – وكالات الأنباء : تسلّم أميرُ دولة البحرين الشيخُ حَمَد بن عيسى ابنُ سلمانَ آلِ خليفةٍ رسالة خطّيّة من الرئيس الأمريكيّ تتعلّق بالعلاقات الثنائيّة بين البَلَدَيْن والقضايا الدولية الراهنة.

وسلّم الرسالة وزيرُ الدفاعِ الأمريكيٌّ خلال استقبال أمير البحرين له أمس في المنامة. وحضر المقابلة رئيسُ الوزراء وعددٌ من المسؤولين في البحرين.

وكان وزير الدفاع الأمريكيٍّ قد وصل المنامة أمس قادماً من سَلطنة عُمَانَ في إطار جولة في منطقة الخليج تشمل أيضا المملكة العربيّة السعوديّة والكويت.

단어 · 숙어연구

تسلّم ، تسلُّم	(Ⅴ)받다, 접수하다
آل	가족,가문
رسالة خطية	친필 서한
القضايا الدولية الراهنة	현안 국제문제
سلّم ، تسليم	(Ⅱ)양도하다, 제출하다
منطقة الخليج	걸프(만) 지역

구문연구

① أميرُ دولةِ البحرينِ الشيخُ حَمَد بن عِيسَى بنُ سلمانَ آلِ خليفةٍ 에서 أمير دولة البحرين ، الشيخ ، حمد ، بن عيسى 은 모두 동격이다.

② المملكة العربية السعودية 에서 왕국을 수식하는 عربية 와 سعودية 중에서 범위가 큰 형용사가 먼저쓰이고 작은 형용사가 나중에 쓰인다.

✲ 해석

미국 대통령이 바레인 아미르에게 보낸 서한

마나마 - 통신사들: 바레인국의 쉐이크 하마드 빈 이사 빈 살만 알 칼리파 아미르는 미국 대통령으로부터 양국간의 쌍무관계와 현 국제 문제들과 관련된 친필 서한을 받았다.

미 국방장관은 어제 마나마에서 바레인 아미르가 영접하는 중에 그 서한을 전달했다. 그 회동에는 수상과 바레인의 책임자 다수가 참석했다.

미 국방장관은 또한 사우디아라비아와 쿠웨이트도 포함하는 걸프지역 순방의 일환으로 오만으로부터 와서 어제 마나마에 도착했었다.

제1부 18과

السيّد طه ياسين رمضان يستقبل سفير صربيا في بغدادَ

الدرس ١٨

تسلّم السيد طه ياسين رمضان عضوُ مجلس قيادة الثورة النائبُ الأوّل لرئيس الوزراء رسالةً خطّيّةً من السيّد برانكو ميكوليج رئيس وزراء صربيا

وقام بتسليم الرسالة السيّدُ ستويان أندوف سفيرُ صربيا في بغدادَ خلال استقبال السيّد النائب الأوّل لرئيس الوزراء له أمس.

وتتضمّن الرسالةُ شؤونَ التعاون الثنائيّ بين البلدَيْنِ الصديقَيْن وتأكيد حرص ورغبة يوغسلافيا في تطوير علاقات الصداقة والتعاون مع العراق في المجالات كافّةً.

❀ 단어 · 숙어연구

تسلّم	(Ⅴ)받다, 접수하다
مجلس قيادة الثورة	혁명지도위원회
النائب الأوّل لرئيس الوزراء	제1부수상
رسالة خطيّة	친필서한
سلّم ، تسليم	(Ⅱ)인도하다, 넘겨주다
تضمّن	(Ⅴ)포함하다, 내포하다
حرص	바램, 욕구
صداقة	친선, 우정
كافّةً	전체적으로, 모두

◘ 구문연구

① كافّةً은 جميعاً 과 같은 뜻으로 앞에 언급된 المجالات 모두를 가르킨다.

② طهَ ياسينْ رمضانْ 같은 현대 아랍식 이름은 매 이름마다 끝을 종지형으로 읽어준다. 단지 طهَ만은 코란에서와 같이 ـَ로 읽는다.

✲ 해석

'따하 야신 라마단' 씨,
 바그다드 주재 세르비아 대사를 영접하다

혁명지도위원회 위원이며 제1부수상인 '따하 야신 라마단'씨는 세르비아 사회주의 연방 수상 '브란코 미콜리지'씨로부터 친필 서한을 받았다.

바그다드 주재 세르비아 대사인 '시트위안 안두프'씨는 어제 제1부수상을 영접하던 중에 이 서한을 전달했다.

그 서한은 두 우방간의 쌍무 협력문제와 모든 분야들에서 이라크와 우호 · 협력관계를 발전시켜 나가고자 하는 세르비아의 열망과 바램을 강조하는 내용을 담고 있다.

제1부 19과

بالدموع - عرفات يدخل غزّة بعد ٢٧ عاما في المنفى

الدرس ١٩

دخل الرئيس الفلسطينيّ ياسر عرفات إلى قطاع غزة وسط استقبال بالغ الحفاوة أمس في عودة تاريخيّة بعد نضاله عشراتِ السنوات ضدّ إسرائيلَ من المنفى وأطلق رجال الشرطة الفلسطينيّة الرصاص من بنادقهم تحيّةً لعودة عرفات إلى الأرض التي وصفها بأنها فلسطين.

단어・숙어연구

بالدموع	눈물로, 눈물을 흘리며
مَنْفًى (ج : منافٍ)	망명지
وَسْطَ استقبال بالغ الحفاوة	열렬한 환영의 영접을 받으며
حفِيَ (يَحْفَى) ، حفاوَة	환영, 환대
نضال	투쟁, 싸움
أطلق الرصاص	총알을 발사하다
تحيةً لـ ...	…에 대한 (환영의)인사로
عودة	귀환, 돌아옴
وصف(يَصِفُ) بـ ...	…라고 묘사(기술)하다

구문연구

① تحيّةً لـ 는 المفعول لأجله 로서, حيّا의 동명사형 تحيّةً 이 전치사 ' لام 이하의 내용을 환영하기 위해서'의 뜻으로 쓰인다.

② عشراتِ السنوات 는 부사어로 대격인데, عشرات 가 여성 규칙 복수형이므로 대격이 "ـِ" 로 표현된다.

해석

눈물을 흘리며 - 아라파트 망명지에서

27 년만에 가자로 귀환

야세르 아라파트 팔레스타인 대통령은 망명지로 부터 이스라엘에 대항하는 수십년간의 투쟁후 역사적인 귀환을 하면서 어제 열렬한 환영의 영접을 받으며 가자 지구로 들어갔다. 팔레스타인 경찰들은 이곳이 팔레스타인이라고 묘사한 그땅으로 아라파트가 귀환하는 것에 대한 (환영)인사로 그들의 총에서 총알을 발사했다.

제1부 20과

بيريز : زيارة عرفات أمر جيّد للشعبَيْنِ

الدرس ٢٠

أكّد وزير الخارجيّة الإسرائيليّ شيمون بيريز أمس أنّ زيارة عرفات إلى قطاع غزّة تُعْتَبَرُ أمرا جيّدا بالنسبة إلى الشعبَيْن اليهوديّ والعربيّ. وأضاف بيريز أنّني أكثرُ قناعةً من أنّه لم يكن لإسرائيلَ أيُّ عملٍ نقوم به في قطاع غزّة وأنّ وجودَنا في هذه المنطقةِ لمدّةِ ٢٧ عاما كان عبئا.

단어 · 숙어연구

قطاع غزّة	가자(Gaza)지구
تُعتبَر	(Ⅷ)〈수동태〉간주되다
أكثر قناعةً من ...	…보다 더 만족하는
قناعة	만족(함), 흡족해함
بالنسبة إلى ...	…에게 있어, …와 관련하여
عبء (ج : أعباء)	짐, 부담

구문연구

① الشعبَيْن اليهوديّ والعربيّ에서 اليهوديّ와 العربيّ가 앞에오는 쌍수를 수식한다.

② قناعةً من أكثر 에서 قناعةً은 구별어(تمييز)표현

✲ 해석

페레즈 : 아라파트 방문은 두 민족에게 좋은 일이다

시몬 페레즈 이스라엘 외무장관은 아라파트가 가자지구를 방문하는 것은 유대와 아랍 두 민족에게 좋은 일로 여겨진다고 어제 강조했다. 페레즈 장관은 이스라엘을 위해 우리가 가자지구에서 아무런 할 일도 없다는 것에 우리는 크게 만족하며, 이 지역에서 27년간 우리가 존재해온 것은 부담이었다고 덧붙여 말했다.

제1부 21과

مؤتمر الطلاب العرب الثانيَ عشرَ في الولايات المتّحدة

الدرس ٢١-١

بدأت اللجنة التنفيذيّة الجديدة الّتي تمّ انتخابها في المؤتمر الثانيَ عشرَ للطلاب العرب الّذي عُقِدَ هنا قبل أسابيع قليلة، بدأت أعمالها اليومَ. للجنة الآن عدد من الآراء والمشاريع الّتي تتعلّق بتحسين العلاقات مع الطلاب الأمريكيّين والشعب الأمريكيّ وزيادة التعاون بين الطلاب العرب الّذين جاؤوا إلى الولايات المتحدة من بلدان عربيّة عديدة ليتابعوا دراستهم في المعاهد والجامعات الأمريكيّة.

وتتألّف اللجنة التنفيذيّة من سبعة أعضاء انتخبوا لإدارة شؤون منظّمة الطلاب العرب وقام بانتخابهم أكثرُ من خمسمائةِ مندوبٍ يمثّلون أكثرَ من خمسة آلاف طالبٍ وطالبةٍ. وتعمل اللجنة الجديدة برئاسة أحد طلاب الاقتصاد في جامعة بنسلفانيا، وهو مصريّ من مدينة الاسكندريّة. أما نائب الرئيس فهو لبنانيّ من مدينة صور ويتابع دراسته الجامعيّة في شيكاغو. وتصدر منظمة

الطلاب العرب نشرة شهريّة بإشراف طالب من عُمانَ يتابع دراسته في جامعة كولومبيا.

❀ 단어 · 숙어연구

مؤتمر الطلاب العرب	아랍 학생 회의
اللجنة التنفيذيّة	집행위원회, 실행위원회
زيادة التفاهم	상호이해의 증진
تابع دراسته	(Ⅲ)그의 학업을 계속하다
تألّف من ...	(Ⅴ)…로 구성되다
إدارة شؤون المنظّمة	기구의 업무운영, 기구의 업무관리
بإشراف ...	…의 감독하에, 지도하에

구문연구

① بدأت أعمالها 의 بدأت 는 문장 맨앞에 온 بدأت 와 같은 말이다. 이것은 주어가 길어서 앞의 동사를 기억하지 못할 수 있다는 이유에서 다시 한번 써준것이다.

② الثانيَ عشرَ 는 격변화 하지 않고 항상 대격으로 쓴다.

✲ 해석

第12차 미국 주재 아랍학생회의

몇 주일전 이곳에서 개최되었던 第12차 아랍학생 회의에서 선출된 새로운 집행위원회가 오늘 그 업무를 시작했다. 이 위원회는 현재 미국 대학 및 연구소에서 학업을 계속하기 위해 여러 아랍국가에서 미국으로 온 아랍학생들간의 협력증진과 미국민 및 미국인 학생들과의 관계개선과 관련된 여러 제안과 계획을 가지고 있다. 집행위원회는 아랍학생기구의 업무관리를 위해 5천명 이상의 남녀 학생을 대표한 5백명 이상의 대표자들이 선출한 7명의 위원으로 구성되어 있다. 알렉산드리아 출신의 이집트인이며, 펜실바니아 대학에 재학중인 한 경제학도를 의장으로 하여 새로이 구성된 그 위원회는 활동한다.

부의장은 레바논의 수르 출신이며, 시카고에서 학부과정에 있다. 이 아랍학생기구는 콜롬비아 대학에서 수학하는 오만 출신학생의 지도하에 월간 회보를 발간하고 있다.

الدرس ٢١-٢

وفي الكلمة الّتي ألْقَاهَا رئيس اللجنة بمناسبة انتخابه قال : "يجب أن تكون أعمالنا في هذه المنظّمة بدايةً حسنةً للأعمال الّتي ستقوم بها في العالم العربيّ عندما نعود إلى بلادنا. ويجب أن يكون اتّحادنا هنا صورة عن اتّحادنا هناك. هناك احتمال كبير بأنْ نعود جميعا إلى بلادنا ، إلى مصرَ والسودان، وسوريا ولبنانَ، والعراق والأردنّ، والكويت والسعوديّة واليمن، إلى ليبيا وتونسَ والمغرب والجزائر. وإذا استطعنا تحقيق النجاح في منظّمتنا هنا ، يمكننا عندما نعود أنْ نستخدم هذا النجاحَ في تدعيم أسّس الديمقراطيّة في عالمنا العربيّ. وتدعيم وحدة الصفّ العربيّ.

✿ 단어 · 숙어연구

بمناسبة انتخابه	그의 당선에
كان بدايةً حسنةً لـ ...	…을 위한 좋은 출발이 되다
كان صورةً عن ...	…의 일면이 되다, …을 위한 청사진이 되다

◘ 구문연구

① يجب 이나 يمكن 뒤에 오는 أن 이하의 문장이 주어이고 يجب 이나 يمكن 은 동사가 된다.

✲ 해석

그 위원회 의장은 당선에 즈음하여 행한 연설에서 다음과 같이 말했다. "이 기구 내에서 우리의 활동은 우리가 조국으로 돌아갔을 때 앞으로 수행하게 될 활동을 위한 좋은 출발이어야합니다. 이곳에서 우리의 단결은 아랍세계에서의 단결의 청사진이 되어야 합니다. 우리모두가 우리 조국인 이집트, 수단, 시리아, 레바논, 이라크, 요르단, 쿠웨이트, 사우디, 예멘, 리비아, 튀니지아, 모로코, 알제리로 돌아갈 큰 가능성이 있습니다. 만일 우리가 이곳 우리 기구에서 성공을 이룰 수 있다면 우리가 조국으로 돌아갔을 때 우리는 우리의 아랍세계에서 민주주의 기반을 강화하고 아랍의 통일 대열을 공고히 하는데 이 성공을 활용할 수 있을 것입니다".

الدرس ٢١-٣

هذا ما قاله رئيسُ اللجنة التنفيذيّة أمام أعضاء اتّحاد الطلاب العرب في الولايات المتّحدة. وتكلّم عُضْوٌ آخَرُ من أعضاء اللجنة فقال إنّه يتابع باهتمام كبير تطوّر العَلاقات بين الطلاب العرب وزملائهم الطلاب الأمريكيّين. وقال أيضا : "لقد قيلَ لنا كثيرا إنّنا قد نصبح قادة بلادنا في يوم من الأيّام. وما يُقَال عَنّا يمكن أنْ يُقَالَ كذلك عن زملائنا الطلاب الأمريكيّين. فقد يصبح بعضُهُم في يوم من الأيّام قادة في هذا البلد الكبير أو في عدد من ولاياته. ولذلك فإنّنا نعتقد بأنّ قيام عَلاقات حسنة بيننا وبينهم قد يساهم كثيرا في تحسين العلاقات بين بلادنا وبلادهم كما يساهم في تدعيم السلام العالميّ".

⁂ 단어 · 숙어연구

تابع تطوّرَ العلاقات	(Ⅲ)관계발전을 계속해서 주시하다
باهتمام كبير	지대한 관심을 가지고
قيل لنا كثيرا إن ...	우리는 …라는 말을 많이 듣는다
في يوم من الأيام	(미래의)어느날에는, 언젠가
تدعيم السلام العالميّ	세계평화의 강화, 세계평화를 공고히 함
قائد (ج قادة)	지도자

구문연구

① ...وما يقال عنا يمكن أن 에서 ما يقال عنّا 는 주어이다. يمكن 이하의 문장은 서술어이다. 이 서술어는 동사 يمكن 와 ... أن 이하의 주어로 구성되어 있다.

② بيننا وبينهم 에서 بين 는 보통 한번만 쓰고 접속사로 2개를 연결해 쓰지만 접미 대명사가 بين 뒤에 올 경우에는 다시 بين 를 써준다.

해석

이것이 미국 아랍학생연합 위원들 앞에서 집행위원장이 행한 연설이다. 그 위원회 위원중 다른 한 위원은 아랍학생들과 동료인 미국 학생간의 관계 발전에 큰 관심을 갖고 계속해서 주시하고 있다고 말했다. 또한 그는 다음과 같이 언급했다." 많은 사람들이 아마도 우리가 언젠가는 우리 조국의 지도자가 될 것이라는 이야기를 하고 있습니다. 그런데 우리에 대해 이야기되는 것은 곧 우리 동료인 미국학생들에게도 마찬가지로 이야기될 수 있습니다. 아마도 그들중 일부는 언젠가 이 대국의 혹은 여러주들에서의 지도자가 될것입니다. 그러므로 우리는 아랍학생과 미국학생간의 우호관계 수립이 아마도 우리 조국과 그들 국가간의 관계를 크게 향상시키고, 세계평화를 공고히 하는데 기여할 것이라고 확신합니다.

제1부 22과

رئيس وزراء نيجيريا يدعو إلى عقد مؤتمر إسلاميّ في السعوديّة

الدرس ٢٢-١

القاهرة - وكالة أنباء الشرق الأوسط : عقد رئيس وزراء نيجيريا مؤتمرا صحفيّا بعد انتهاء المحادثات الّتي أجراها مع كبار المسؤولين في القاهرة. وقد

بدأ الزعيم النيجيريّ، وهو من كبار الزعماء المسلمين في ذلك البلد الافريقيّ، بدأ مؤتمره الصحفيّ بالإعراب أوّلا عن تقديره العظيم لشخص الرئيس حسني مبارك. ثم أعرب عن تقديره للجهود العظيمة الّتي يقوم بها الشعب المصريّ بقيادة حكومته لتحقيق أهدافه الوطنيّة وآماله في التقدّم الاقتصاديّ في جوّ من الحريّة والاستقرار السياسيّ.

단어 · 숙어연구

مؤتمر صحفي	기자회견
تقدير	평가, 예상, 규정
أعرب عن ...	(Ⅳ)…을 표현하다
اجتمع ب ...	(Ⅷ)…와 만나다
بقيادة ...	…의 영도(지도)하에
في جوّ من	…의 분위기 속에서

구문연구

① وقد بدأ 라고 문장을 시작하고서 긴 삽입 설명이 뒤따랐기 때문에 다시 بدأ 동사를 써주는 경우도 있다.

해석

나이지리아 수상, 사우디아라비아에서 이슬람 회의 개최를 촉구하다

카이로 – 중동통신 : 나이지리아 수상은 카이로에서 고위 책임자들과 가진 회담을 끝낸 후에 기자회견을 가졌다. 아프리카 국가의 무슬림 고위 지도자 중의 한 사람인 그 나이지리아 지도자는 먼저 후스니 무바라크 대통령 개인의 위대함에 대한 그의 평가를 표명하면서 자신의 기자회견을 시작하였다. 그리고 나서 그는 자유와 정치적으로 안정된 분위기에서 무바라크 대통령 정부의 영도하에 이집트 국민들이 그들의 국가적 목표와 경제발전에 대한 희망을 실현시키기 위해 기울인 위

대한 노력에 대한 자신의 평가를 표명하였다.

الدرس ٢٢-٢

قال الزعيم النيجيريّ : هناك شئ أُحبّ أن أقولَه قبل أن أبدأ بالإجابة على أسئلتكم وقبل أنْ أتحدّثَ عن المواضيع السياسيّة والمسائل الّتي أبحثها هنا مع إخواني المصريّين. هذا الشئ الّذي أحب أن أقوله قد لا يكون بالنسبة للبعض منكم سرًّا من الأسرار. وهو يتعلّق بالصداقة القويّة الّتي أصبحت تربطني أكثرَ فأكثرَ بالرئيس حسني مبارك.

단어 · 숙어연구

بدأ بـ ...	…을 시작하다
قد + 미완료동사	아마도 …일 것이다
تعلّق ب ...	(Ⅴ)…와 관련이 있다
بالنسبة لـ ...	…와 비교하여 , …에 있어서
أكثر فأكثر	점점 더
سرّ (ج : أسرار)	비밀, 신비

구문연구

① هناك شي أحبّ 에서 هناك 는 서술어, شيء 는 주어다.
أُحِبّ 이하의 절은 شيء 를 수식하는 절.

② مواضيع 는 موضوع 의 복수형으로 موضع 의 복수형 مواضع 와 다르다.

해석

나이지리아 지도자는 "본인이 여러분의 질문에 답하기 전에 또한 정치적인 주제들과 제가 이집트 형제들 여러분과 여기에서 논의 하려고 하는 문제들에 관하여 언급하기에 앞서서 말씀드리고 싶은 것이 하나 있습니다. 제가 말씀드리고자 하는 것이 여러분 중의 일부에게는 비밀이 아닐 수도 있습니다. 그런데 그것은 본인을 점점 더 후스니 무바라크 대통령과 묶어주게된 강한 우정과 관련이 있습니다.

الدرس ٢٢-٣

قبل زيارتي لجمهورية مصر العربيّة كانوا يقولون عنّي في نيجيريا وفي بريطانيا إنّني صديق للرئيس حسني مبارك. والآنَ، وبعد هذه الزيارة للقاهرة، وبعد كلٍّ ما وَجَدْتُ هنا من محبّة وصداقة، يُمكنني أنْ أقول إنّني صِرتُ أشْعُرُ وكأنني أصبحتُ أخاً لحسني مبارك ومواطنا من مواطني الجمهوريّة.

단어 · 숙어연구

صار + 미완료동사	…하기 시작하다
وكأنّ ...	…처럼
محبّة	사랑, 애정
أخ (ج : إخوان ، إخوة)	형제
	أخ 는 일반적인 형제, 친형제는 شقيق 라고 구분하여 쓴다.

구문연구

① يمكنني أن أقول 에서 "ني" 는 يمكن 의 목적어 أن أقول 이하는 يمكن 의 주어이다.

해석

본인이 아랍 이집트 공화국을 방문하기 전에 나이지리아에서 또 영국에서 본인에 대하여 제가 후스니 무바라크 대통령의 친구라고 사람들이 말하곤 했습니다. 이번 이집트 방문을 마치고, 그리고 여기서 제가 목격했던 모든 사랑과 우정 다음에 지금, 본인은 제가 실로 후스니 무바라크 대통령의 형제가 되었고 그리고 이집트 국민의 한 사람이 된 것처럼 느끼게 되었다고 말씀드릴 수 있습니다.

الدرس ٢٢-٤

هذا ما أحببت أن أقوله قبل أن أبدأ كلامي عن المواضيع الّتي بحثتُها في القاهرة مع الزعماء المصريّين. وحول المباحثات الّتي أجريتها مع سيادة الرئيس

حسني مبارك وكبار مساعديه يمكنني أن أؤكّد لكم أنها كانت ناجحة أكثرَ مما كنتُ أتوقع قبل حضوري إلى القاهرة. ولقد تناولنا بحثَ مسائلَ عديدةٍ، منها ما يتعلّق بمستقبل العلاقات بين الدول العربيّة والشعوب الإسلاميّة ومنها ما يتعلّق بالعلاقات الثنائيّة بين بلدَيْنا وبوسائلِ تدعيم هذه العلاقات وزيادة التعاون في الحقول السياسيّة والاقتصاديّة والثقافيّة.

단어 · 숙어연구

أكثر مما كنت أتوقع	내가 기대했던 것 이상으로
العلاقات الثنائية	쌍무관계
زيادة التعاون	협력증대
تدعيم العلاقة	관계강화

구문연구

① ...أكثر مما كنت 는 비교급형을 쓴 것으로 관계대명사 ما 이하의 절 내용보다 더 많다라는 것을 의미. (أكثر من + ما)

② تناولنا بحثَ مسائلَ عديدةٍ 에서 مسائل 는 2격명사이면서 한정이나 연결이 되지 않았기에 속격을 ـَ 로 표시했다. 그러나 수식어는 원래대로 속격이 된다.

해석

이것이 본인이 이집트 지도자들과 함께 카이로에서 논의하였던 주제들에 대하여 제 말을 시작하기 전에 말하고 싶었던 것입니다. 후스니 무바라크 대통령각하와 그분의 고위 보좌관들과 함께 가졌던 회담에 대하여 본인은 여러분들께 그 회담은 제가 카이로로 오기 전에 예상했던 것보다 훨씬 성공적이었다고 확인해 드릴 수 있습니다. 우리는 실로 많은 문제들을 논의했는데 그 중에는 아랍 국가들과 이슬람 민족들간의 관계의 장래와 관련된 것도 있고, 우리 양국간의 쌍무관계와 이러한 관계의 강화방안과 정치 · 경제 · 문화 분야에서의 협력증대 방안과 관련된 것들이 있습니다.

الدرس ٢٢-٥

ولقد بحثنا مثلا في الطريقة أو الطرق الّتي يمكن أن نستفيد بها من خبرة جمهوريّة مصر العربيّة وخبرة رجالها في الحقول الاقتصاديّة والمالية والصناعيّة. وعندما أعود إلى بلادي سأبحث هذه الأمورَ مع زملائي وإخواني هناك وسأنقل إليهم رغبة الزعماء المصريّين في مساعدة بلدنا وفي عقد اتّفاقات ثقافيّة وتجاريّة مع حكومتنا.

단어 · 숙어연구

استفاد من ...	(X)…으로부터 도움을 얻다
خبرة (ج : خُبْر)	경험
نقل إليه الشئ	…에게 …을 전하다

구문연구

① الطرق التي يمكن أن نستفيدبها 의 ها 가 الطرق 를 가리킨다.

② سأبحث هذه الأمور 에서 هذه 는 أبحث 의 목적어, الأمور 는 هذه 와 동격이다.

해석

우리는 예를 들어 경제 · 재무 · 산업분야에서 아랍 이집트 공화국과 그나라 사람들의 경험으로부터 도움을 얻을 수 있는 방법과 여러 방안들을 논의했습니다. 제가 귀국하면 그곳에서 저의 동료들과 형제들과 함께 이 문제들을 논의할 것이며, 그들에게 이집트 지도자들이 우리나라를 도와주고 싶고 우리 정부와 문화 · 무역협정들을 체결하고자 한다는 것을 전하겠습니다.

الدرس ٢٢-٦

ولقد طلبتُ من سيادة الرئيس حسني مبارك، أثناء اجتماعي به اليومَ، أن يسمح بإرسال بعثة اقتصاديّة مؤلّفة من خبراء في الشؤون الماليّة والصناعيّة والتجاريّة كي تتولّى دراسة احتمالات نجاح المشاريع الّتي بحثناها هنا

وامكانيات إنشاء صناعات مصريّة نيجيريّة مشتركة في بلادنا يساهم في إنشائها وإدارتها البلدان.

단어 · 숙어연구

... سمح بـ	…을 허용하다
بعثة	사절단
... مؤلّف من	…으로 구성된
تولّى	(Ⅴ)떠맡다, 책임지다
... ساهم في	(Ⅲ)…에 기여하다, 참여하다

구문연구

① طلبتُ 의 목적어는 أن يسمح 이하의 절이다.

② صناعات مصرية نيجيرية مشتركة 문장은 يساهم في بلادنا ...البلدان 를 수식하는 절이고 يساهم 의 주어는 البلدان 이다.

해석

본인은 후스니 무바라크 대통령각하께 오늘 그분과 회동하는 중에 우리가 여기서 논의했던 프로젝트들의 성공가능성의 검토와, 우리 나라에 두 나라가 건설과 운영에 참여할 이집트 · 나이지리아 공동의 산업구축 가능성 검토를 담당하도록 재정과 산업 그리고 무역문제 전문가들로 구성되는 경제 사절단의 파견을 승인해 줄것을 요청하였습니다.

الدرس ٢٢-٧

هذا وبعد أن انتهى رئيس وزراء نيجيريا من استعراض أهم النقاط الّتي تناولها البحث في الاجتماعات الّتي عقدها مع المسؤولين في القاهرة سأل الحاضرين إذا كان لديهم أسئلة يريدون أن يوجّهوها إليه فبدأ الصحفيّون بتوجيه أسئلتهم. ومن بين الأسئلة الّتي وجّهها الصحفيّون إلى الزعيم النيجيريّ السؤالُ التالي : (هل تفكرّون حقا، يا سيادةَ الرئيس، في عقد مؤتمر لزعماء البلدان

الإسـلامـيّة؟ وأين تَرَوْنَ، سـيـادتكم، عـقـدَ مـثـلِ هذا المؤتمرِ؟ أفي مكة أم في القاهرة؟).

❀ 단어 · 숙어연구

هذا و...	한편
انتهى من	끝내다, 마감하다.
وجّه سؤالاً إلى ...	…에게 묻다, 질문을 던지다
حقّاً	정말로, 참으로
سيادة الرئيس	대통령 각하
رئيس الوزراء	수상

◈ 구문연구

① من بين الأسئلة 가 서술어 السؤالُ التالي 가 주어이다.

② تفكّرون 나 تَرَوْنَ 처럼 한사람에게 복수를 쓴것은 대표자에게 쓰는 표현이다.

✲ 해석

한편, 나이지리아 수상은 카이로에서 (이집트) 책임자들과 함께 개최했던 회담들에서 논의가 이루어졌던 중요 사항들의 개진을 마친 후에 참석자들에게 자신에게 하고 싶은 질문이 있는지 물었다. 그러자 신문기자들이 질문들을 던지기 시작하였다. 기자들이 그 나이지리아 지도자에게 던진 질문들 가운데에는 다음과 같은 질문이 있다. "수상 각하! 정말로 각하께서는 이슬람 국가 지도자 회의 개최에 대하여 생각해보셨습니까? 각하께서는 이런 회의가 어디에서 개최될 것으로 보십니까? 메카입니까 아니면 카이로입니까?"

الدرس ٢٢-٨

وسُئل أيضا : (كم، في رأيكم، عـدد الدول الّتي سـتـوافق حكومـاتُها على الاشتراك في المؤتمر الإسلاميّ الّذي تَنْوُونَ عقدَه؟ هل تعتقدون مثلا أن حكومة

أنقرة ستوافق على حضور مؤتمرات كهذه؟).
والجدير بالذكر أنّ أكثرَ الأسئلة التي وُجِّهَتْ إلى رئيس الوزراء النيجيريّ كانت تأتي من الصحفيّين الأجانب وخاصةً مندوبي وكالات الأنباء العالميّة. وفي كلّ مرّة كان الزعيم الإفريقيّ المسلم يبدي استعداده التامّ للإجابة عن كلّ سؤال.

단어 · 숙어연구

في رأيكم	귀하의 생각으로
أنقرة	앙카라 (터키의 수도)
مؤتمر	회의, 대회
الجدير بالذكر أن ...	…은 언급할 만하다
في كل مرة	매번
أجنبي (ج أجانب)	외국인
مندوب	대표(자)

구문연구

① تَنْوُونَ 는 نَوَى - يَنْوِي 동사의 2인칭 남성복수형이다.

② وخاصةً مندوبي 에서 مندوبي 는 속격으로 쓸수도 있고 대격으로 쓸 수도 있다. 속격으로 생각할때는 앞의 전치사 من 에 영향을 받는 것이고 대격으로 생각할때는 동명사 خاصّة 의 목적어로 본것이다.

해석

그리고 그는 "귀하의 생각으로는 귀하께서 개최하시려고 하는 이슬람 회의에 정부가 참석하기로 동의할 국가 수는 얼마나 되리라고 보십니까? 예를들면 앙카라 정부가 이와 같은 회의참석에 동의하리라고 믿습니까?"라는 질문도 받았다.

나이지리아 수상에게 보낸 대부분의 질문이 외신기자 특히 세계적인 통신사의 대표들로부터 나온 것이라는 것은 주목할 만한 것이다. 매번 이 아프리카 무슬림 지도자는 모든 질문에 대해 답변할 만반의 준비를 보여주곤 했다.

الدرس ٢٢-٩

وقد أجاب عن السؤال الأوّل بقوله :
(تسألونني، أيّها السادةُ، عمّا إذا كنّا نفكّر حقّا في عقد مؤتمر للزعماء المسلمين. وأنا أجيبكم "نعم". فقد كانت هذه أمنيتي منذ زمن بعيد. وقد اشتدّت هذه الرغبةُ مع مرور الزمن. وكانت تشتدّ بشكل خاصّ عند اشتداد الأخطار والنزاعات وحينما كنت أشعر أنّ هناك حاجةً كبيرةً إلى توحيد كلمة المسلمين ووضع حدّ لانقساماتها وخلافاتهم، نظرا للأخطار الّتي تهدّدهم وتهدّد بلدانهم).

단어・숙어연구

أُمْنِيَةٌ (ج أمَانٍ)، (ج أمَانِيُّ)	바램, 희망
منذ زمن بعيد	옛날부터, 오래 전부터
مع مرور الزمن	세월이 흐르면서
وضع حداً لـ ...	…에 종지부를 찍다, 끝내다
نظراً لـ ...	…을 고려하여, …때문에
اشتدّ	(Ⅷ)거세지다, 심해지다
نزاع	분쟁
هدّد، تهديد	(Ⅱ)위협하다.

구문연구

① أنا أجيبكم 에서 أنا 를 쓸것은 강조의 표현이다.

② أن هناك حاجةً 에서 حاجة 가 أنّ 이후에 오는 명사문의 주어이기 때문에 대격으로 쓰인다.

해석

그는 첫 질문 다음과 같이 답변하였다.
"여러분, 우리가 정말로 무슬림 지도자 회의개최를 생각하고 있는지에 대해 본인에게 질문을 하셨는데 저는 '예'라고 여러분께 대답하겠습니다. 이는 오래 전부터 저의 희망이었으며 이러한 바램은 시간이 흐름에 따라 더욱 강렬해졌습니다. (이러한 희망은) 특히 위험과 분쟁들이 심해질 때, 그리고 무슬림들을 위협하고 그들의 국가들을 위협하는 위험 때문에 무슬림들의 말을 통일시키고 또 무슬림들의 의견이 나뉘고, 무슬림들이 분열되는 것을 막아야 할 큰 필요성이 있다고 본인이 느끼곤 했을 때 이런 바램이 강렬했습니다.

الدرس ٢٢-١٠

لقد وجدتُ أثناء الحجّ أنّ من الضروريّ جداً إيجادَ وسيلة أو على الأقلّ التفكيرَ بوسيلة لتحقيق التفاهم والتعاون بين الشعوب والدول الإسلاميّة. وأنا من الأشخاص الّذين يؤمنون بالاتّصالات الشخصيّة والاجتماعات. أنا من الّذين يقولون ويعتقدون بأنّ الاجتماعات بين زعماء المسلمين تُساعد كثيرا في خلق جوّ من التصافي والرغبة في التفاهم، والأمر الّذي قدْ يؤدّي في النهاية إلى تسوية الخلافات والنزاعات بينهم أو بين بلدانهم إذا كان هناك من خلافات أو نزاعات.

❁ 단어・숙어연구

... من الضروريّ	…이 필요하다, 필수적이다
على الأقلّ	적어도
حجّ	성지순례
إيجاد	창출, 조성, 강구
تصافٍ	(순수한)우정
في النهاية	결국에는

◘ 구문연구

① أن من الضروري جدًا إيجاد... 에서 إيجاد 는 أنّ 이후에 오는 명사문의 주어이기 때문에 대격으로 쓰인다. 그리고 التفكير 는 إيجاد 에 연결된 말이기에 또 대격으로 쓰인다.

② قد 다음에 미완료형을 쓰면 가능성이 있음을 나타내는 말이다.
(예) قد يؤدّي

✲ 해석

본인은 성지순례동안 이슬람 민족들과 국가들간의 상호 이해와 협력을 이루기 위한 방안을 창출하거나, 적어도 방안을 생각해 보는 것이 매우 필요하다는 것을 알았습니다. 저는 개인적인 접촉들과 만남들(의 중요성)을 믿는 사람들 중의 하나이며, 무슬림 지도자들간의 회동들이야말로 우정과 상호 이해의 바램의 분위기를 창출하는데 많은 도움을 준다고 말하며 또 믿고 있는 사람들 중의 하나입니다. 그러한 것이 곧 불화나 분쟁이 있을 때 종국에는 무슬림들이나 그들의 국가사이의 불화와 분쟁의 해결이 있게 할 수 있을 것입니다.

الدرس ٢٢-١١

ولقد اقترحتُ على بعض إخواني من زعماء المسلمين الّذين قابلتهم في مكّة أثناء الحجّ، اقترحتُ أنْ يكونَ مكانُ المؤتمر الإسلاميّ في أراضي المملكة العربيّة السعوديّة. فوافقوا على هذا الاقتراح. وحينما اجتمعت بأخي جلالةِ الملك فهد وعرضتُ عليه الفكرة وافق عليها فورا وطلب منّي أن أتابع بحثَها مع بَاقِي الإخوان من زعماء المسلمين. ولم يقف جلالتُه عند هذا الحدّ بل ذهب في تأييده لهذه الفكرةِ إلى أبعدَ من ذلك، فطلب منّي أنْ أتولّى دعوة الزعماء المسلمين إلى المؤتمر وقال إنه على استعداد لاستقبالهم في بلاده أو التوجّه إلى أيّ مكان آخَر يختارونه لعقد المؤتمر.

❀ 단어・숙어연구

جلالة الملك	국왕 폐하
عرض على ...	…에게 …을 제안하다
فورا	즉각, 즉시
عند هذا الحدّ	이 정도에서
توجّه إلى ...	(Ⅴ)…로 향하다, 가다

◘ 구문연구

① لقد اقترحتُ 뒤에 목적절이 멀리 떨어져 있기에 동사 اقترحتُ 를 다시

써주었다.

② 아랍어에서 أخ 는 꼭 친형제가 아니라도 쓰인다는 점에 유의한다. 꼭 친형제라고 할때는 شقيق 라고 쓴다.

③ 사우디 왕은 خادم الحرمين الشريفين (두 성지의 보호자)라는 경칭을 써 부르기도 한다.

✲ 해석

본인은 메카에서 순례하는 동안 만났던 몇몇 무슬림 지도자형제들에게 이슬람 회의 장소는 사우디 땅이 되도록 제안했습니다. 그러자 그들은 이 제안에 동의하였습니다. 본인이 파흐드 국왕폐하 형제를 만났을 때도 이런 생각을 제시하자 그도 즉시 동의했고, 본인에게 다른 무슬림 지도자 형제들과 계속 논의하도록 요청했습니다. (사우디) 국왕은 이 정도에 그치지 않고 오히려 이 제안에 대해 그것보다 훨씬 더 지지하며, 본인에게 무슬림 지도자들을 그 회의에 초청하는 일을 떠맡으라고 요청하며 그는 그들을 자신의 나라에서 기꺼이 맞이하거나 그들이 회의 개최를 위해 택하는 어떤 다른 곳이라도 갈 준비가 되어있다고 말했습니다.

الدرس ٢٢-١٢

وأضاف الزعيم النيجيريّ يقول : (أمّا متى يعقد المؤتمر فأنا شخصيّا أرى أنّ اجتماعا كهذا يَجِبُ أن يتمّ بعد الحجّ وليس أثناءه، ولقد بحثتُ الفكرة مع عدد من الزعماء المسلمين ومن بينهم أخي سيادة الرئيس حسني مبارك. ويمكنني أن أصرّح بأنهم جميعا موافقون على الفكرة من حيث المبدإ. بقي علينا الآنَ أنْ نبحث في التفاصيل، وهذا يتطلّب بعض الوقت. ثمّ نبدأ بعد ذلك وضع الترتيبات المتعلّقة بعقد المؤتمر بعد أن نكون قد اتّفقنا على جدول الأعمال وعلى موعد ومكان المؤتمر. فنرجو الله أنْ يوفّقنا جميعاً لما فيه خير أمتنا الإسلاميّة وخير جميع شعوب العالم وأنْ يوفّقنا كذلك في كلّ خطوة نقوم بها في سبيل تحقيق هذه الأمنية).

❁ 단어 · 숙어연구

شخصيّاً	개인적으로
عدد من ...	많은 수의 …
من حيث المبدأ	원칙에 있어서는
بقي لنا أن ...	우리에게 남은 것은 …이다
تطلّب	(Ⅴ)필요로하다, 요하다
في سبيل ...	…을 위하여

◘ 구문연구

① يَجِبُ أنْ يتمّ 에서 يَجِبُ 는 뒤에 오는 أنْ 이하의 절이 주어이기 때문에 항상 3인칭 남성 단수형으로 쓰인다.

② موعد ومكان المؤتمر 가 일반적인 말이지만 정확한 표현은 موعد المؤتمر ومكانه 써야한다.

✲ 해석

나이지리아 지도자는 다음과 같이 덧붙여 말했다 : "회의가 언제 개최될 것인가에 대해서 말하자면 본인은 개인적으로 이같은 회의는 순례기간이 아니라 순례 후에 이루어져야 한다고 봅니다. 본인은 많은 무슬림 지도자들과 그같은 생각을 논의한 바 있으며, 그들 가운데에는 내 형제인 후스니 무바라크 대통령각하도 계십니다. 그들 모두가 원칙적으로는 그 생각에 동의하고 계시다고 말씀드릴 수 있습니다. 지금 우리에게 남은 것은 세부사항을 논의하는 것인데, 이는 약간의 시간을 요합니다. 그리고 나서 그 후에 우리는 회의 일정과 시간 그리고 장소에 대해 합의를 하고 나서 회의 개최에 관련된 준비들을 시작할 것입니다. 저희들은 알라께 우리 이슬람 공동체의 번영과 세계민족들 모두의 번영을 우리 모두에게 내려 주시길 바라고 또한 이 희망을 실현시키기 위해 우리가 행하는 모든 단계에도 우리에게 축복을 내려 주시길 빕니다."

제 2 부

الباب الثاني

제2부 1과

الاستفتاء على الدستور الجديد في كوريا الجنوبيّة اليوم

الدرس ١

سيول - وكالات الأنباء : يجري في كوريا الجنوبيّة اليوم (الثلاثاء) استفتاء على الدستور الجديد في البلاد وهو الدستور الّذي يتيح فور إقراره إجراء انتخابات رئاسيّة مباشرة في شهر ديسمبر المقبل وذلك للمرّة الأولى منذ ٦١ عاما .

وجدير بالذكر أن هذا الدستور الجديد الّذي يُعدُّ التاسعَ منذ قيام دولة كوريا الجنوبيّة من ٢٩ عاما قد تمّت صياغتُه بالاشتراك بين حزب العدالة والديمقراطيّة الحاكم وحزب إعادة توحيد الديمقراطيّة الّذي يمثّل المعارضة الرئيسيّة في البلاد .

단어 · 숙어연구

استفتاء	국민투표
دستور (ج : دساتير)	헌법
أتاح	예정하다, 운명을 정하다; 주다, 부여하다
فورَ	… 직후에, 곧바로
إقرار	결정, 확정
انتخاب (ج : انتخابات)	선거
انتخابات رئاسية	〈예〉 대통령 선거
مباشر	직접의, 〈반〉 غير مباشر
جدير بالذكر أن …	…는 언급할만한 가치가 있다
عُدَّ (عَدَّ 의 수동태)	…로 간주되다, 고려되다
تَمَّ (ـِ)	이루어지다, 완수되다

صياغة	형태, 모습, 구성
اشتراك	동참, 참여
بالاشتراك	〈예〉..공동으로, 함께
حزب العدالة والديمقراطية	민주정의당 (민정당)
حاكم	지배자, 통치자
حزب حاكم	여당
حزب إعادة توحيد الديمقراطية	민주 통일당 (민주당)
معارضة	반대파, 야권, 반대

◘ 구문연구

① يعدّ التاسعِ 에서 التاسع 는 앞에 الدستور 가 생략된 말로 يعد الدستورَ التاسعَ 의 의미이다.

② يمثّل المعارضة الرئيسية 에서 الرئيسية 는 '주된', '주로' 의 뜻인데 الرئيس 라는 단어는 자체가 형용사형이기 때문에 المعارضة الرئيسة 라고 써도 된다.

✲ 해석

오늘 한국에서 신헌법에 대한 국민투표

서울 - 통신사 : 오늘 (화요일) 한국에서는 신헌법에 대한 국민투표가 실시될 예정인데, 이는 확정되는 즉시 오는 12월, 대통령 직접선거의 실시를 규정하고 있는 헌법이며, 그것은 16년만에 처음 맞는 일이다. 언급할 만한 것은 29년전 한국이 건국된 이래 아홉번째 것으로 간주되는 이 신헌법은 여당인 민주정의당과 국내 주요 야당을 대표하는 민주통일당 간에 공동으로 그 초안을 완성했다는 점이다.

제2부 2과

نظام الانتخابات الأمريكيّة

الدرس ٢-١

تشمل الانتخابات الأمريكيّة انتخاب رئيس للولايات المتّحدة، وهو رئيس السلطة التنفيذيّة في كلّ أنحاء البلاد، انتخاب نائب الرئيس وخمسة وثلاثين عضوا من أعضاء مجلس الشيوخ الذين يبلغ عددُهم المئة. كما تشمل انتخاب جميع أعضاء مجلس النوّاب ويبلغ عددهم ٤٣٥ نائبا. ويشمل كذلك انتخاب خمسة وعشرين من رؤساء حكومات الولايات الخمسين وعشرات الألوف من مُمَثِّلي الشعب في مجالس الولايات الخمسين وغيرها من المجالس العديدة، والجدير بالذكر أن عدد هذه المناصب جميعا يبلغ حواليْ نصفِ مليون منصب.

단어 · 숙어연구

شَمِلَ (ـَ)	포함하다 〈비〉 اشتمل على، تضمن
رئيس السلطة التنفيذيّة	행정부 수반 〈참〉 السلطة التشريعيّة 입법부 السلطة القضائيّة 사법부
مجلس النواب	하원
مجلس الشيوخ	상원
بلغ (ـُ)	…에 이르다, 도달하다
مجلس الولاية	주의회
عديد	수많은, 다수의
غيرها من المجالس العديدة	그밖의 다른 위원회

◘ 구문연구

① 남성 규칙 복수형에 연결형 제 2요소가 붙으면 ن 이 탈락된다.
ممثّل 는 ممثلون 의 복수형인데 연결형에서는 주격은 ممثّلو الشعب
속격, 대격은 ممثّلي الشعب 이다.

② خمسة وثلاثين عضواً 에서 عضو 는 남성형이기 때문에 خمسة 에 ة 가 붙었다.

✲ 해석

미국 선거제도

미국에서의 선거는 국가 전역에서 행정부 수반인 합중국 대통령의 선거와, 부통령선거, 그리고 그 수가 100명에 달하는 상원의원중 35명 의원선출 선거를 포함한다. 또한 435명의 하원의원 선출 선거도 포함한다. 마찬가지로 50개 주정부 주지사중 25명에 대한 선거와 50개 주의회 및 기타 여러 위원회들의 국민대표자 수만명에 대한 선거도 포함한다. 언급할 만한 사실은 이러한 직책의 수가 모두 약 50만개에 달한다는 것이다.

الدرس ٢-٣

أمّا نتائج الانتخابات الأمريكيّة فترد أوّلا من المناطق الشرقيّة، ثمّ تَرِد من المناطق الّتي تقع في الجزء الأوسط من البلاد. وأخيراً ترد من المناطق الغربيّة، مثل ولاية كاليفورنيا وولايتَيْ واشنطن وكولورادو. وعلى الفور تبدأ الإذاعات والصحف بإعلان النتائج الّتي ترد، ثم تنشر التصريحات والتعليقات الّتي تصدر والملاحظات الّتي يبديها البعض بهذا الشأن. ويشترك المواطنون في مناقشة النتائج والتعليق عليها.

والشئ الجميل عند إعلان نتائج انتخابات الرئاسة في الولايات المتّحدة أن خصوم المرشّح الّذي يفوز بمنصب الرئاسة يشتركون في تهنئته مع أصدقائه ورجال حزبه. والأجمل من ذلك أنّ خصمه الرئيسيّ، أو خصومه المرشحين لمنصب الرئاسة الّذين يفشلون في الانتخابات يكونون في مقدّمة الأشخاص الّذين يبعثون إليه بتهانيهم.

단어 · 숙어연구

وَرَدَ من ... ، (يَرِدُ)	…에서 나타나다; 오다, 도착하다
الجزء الأوسط	중심부, 가운데
نشر التصريحات والتعليقات	성명문들과 논평들을 싣다
أبْدَى	(Ⅳ) 보이다, 밝히다
ملاحظة (ج : ملاحظات)	고려사항, 참고사항, 비고
تعليق على ...	…에 대한 논평
خصم (ج : خصوم)	적, 라이벌; 상대방; 경쟁자
تهنئة (ج : تهانئُ)	축하, 경축
فشِل في ...	…에서 실패하다, 지다
مرشَّح	(공천받은)선거 후보

구문연구

① وكولورادو واشنطن ولايتَيْ 에서 ولايتَي 는 쌍수 속격을 나타낸다.

② ...خصوم أن... عند الجميل الشيء 에서 الشيء 이하는 주어이고 أن 이하가 서술어이다.

해석

미국의 선거 결과는 제일 먼저 동부지역에서 나타난다. 그리고 나서 미 중부에 위치한 지역에서 나오고, 마지막으로 캘리포니아, 워싱톤, 콜로라도 주와 같은 서부지역들로부터 결과가 드러난다. 그러면 즉시 방송과 신문들은 들어오는 결과를 발표하기 시작하고, 발표되는 해설과 논평에 관한 일부 사람들의 의견이 보도된다. 그리고 시민들은 선거결과에 대한 토론과 논평에 참여한다.

미국에서 대통령 선거결과가 발표될 때 아름다운 일은, 대통령선거에서 승리한 후보의 경쟁자들이 당선자의 친구나 당원들과 함께 당선자를 축하하는데 참석한다는 것이다. 그보다 더 아름다운 것은, 그의 주요 라이벌이나 또는 선거에서 패배한 대통령직 후보경선자들이 당선자에게 가장 앞장서서 축하를 보낸다는 점이다.

제2부 3과

تحالف اليابان والحزب الاشتراكيّ يحاولان تشكيل حكومة جديدة

الدرس ٣

طوكيو - رويتر : قالت وكالة جيجي للأنباء إنّ تحالفَ الأقليّة الّذي يرأسه رئيس الوزراء المستقيل تسوتومو هاتا والحزب الاشتراكيّ المعارِض اتّفاقا أمسِ الثلاثاءَ على بدء محادثات رسمية لتشكيل حكومة جديدة، وقالت الوكالة إن القرار أُتُّخِذَ في اجتماع لزعماء أحزاب التحالفِ السُبَاعِيِّ ورئيس الحزب الاشتراكيّ تويتشي موراياما.

단어・숙어연구

تحالُف	연합, 동맹, 연립
الحزب الاشتراكيّ	사회당
وكالة (ج : وكالات)	대리점, 대행점
وكالة الأنباء	통신사, 소식통
تحالف الأقلّية	소수연립
رأس (ـَ) ، رئاسة	우두머리가 되다
رئيس الوزراء	수상, 총리
مستقيل	사임한, 사퇴한
الحزب المعارض	야당
اتّفق على ...	(Ⅷ)…에 동의하다
محادثات رسميّة	공식회담

구문연구

① أمسِ الثلاثاءَ 에서 أمسِ 가 어제 라는 전성부사로 쓰이면 늘 속격으로 쓰인다. 또 الثلاثاءَ 는 부사어로 쓰였기 때문에 대격으로 쓰인다.

✽ 해석

일본연립과 사회당, 신정부 구성을 시도하다

도쿄 - 로이터 : 사임한 초토무 하타 총리가 이끄는 소수연립과 야당인 사회당이 어제 화요일 새정부 구성을 위한 공식회담을 시작하는 데에 합의했다고 지지통신이 보도했다. 그리고 그 통신사는 그러한 결정이 7자 연립정당 대표들과 사회당 당수 도이치 무라야마의 회동에서 취해졌다고 보도했다.

제2부 4과

المجاهدون الأفغان يختارون حكومة انتقالية

الدرس ٤

بيشاور - باكستان - رويتر : اختار التحالفُ الرئيسيّ للمجاهدين الأفغان الّذي يوجد مقرّه في باكستان أمسِ حكومةً انتقاليةَ يرغب في أن تحل محلّ حكومةِ الرئيسِ نجيبِ اللهِ في كابول الّتي يُدْعمها السوفييت.

أعلن أحمد شاه الّذي اختاره المجاهدون في وقت سابق رئيسا لأفغانستان مجلس الوزراء الجديد الّذي يتكوّن من ١٤ عضوا في مؤتمر صحفيّ عقده في مدينة بيشاور الباكستانيّة.

❀ 단어 · 숙어연구

مُجَاهِد (ج : مجاهدون)	전사, 투사 ("무자히딘") 성전의 전사, 또는 무자히딘 전사
اختار ، اختيار	선택하다, 선출하다
حكومة انتقالية	과도정부
تحالُف	연합, 동맹
مقرّ	본부, 중앙
حلّ محلّ الشئ	…을 대신하다, 대체하다
دعّم ، تدعيم	(Ⅱ)지원하다, 지지하다

في وقت سابق	이전에, 과거에
تكوّن من ...	(Ⅴ)…로 이루어지다, 구성되다

◘ 구문연구

① الأفغان 는 집합명사로 단수는 أفغاني 이다.

② ...يرغب في أن 이하 절은 상태문 (الحال) 이다

✲ 해석

아프간의 전사들(무자히둔), 과도정부를 선출하다

페샤와르 -파키스탄-로이터

파키스탄에 본부를 두고 있는 아프간 전사들의 주요 연합은 소련이 지지하고 있는 카불의 나지블라 대통령의 정부를 대신해 주기를 바라면서 과도정부를 어제 선출하였다.

전사들이 전에 아프가니스탄 대통령으로 선출했던 아흐마드 샤는 파키스탄의 페샤와르 시에서 가진 한 기자회견에서 14명의 위원으로 구성된 새내각을 발표했다.

제2부 5과

رئيس جمهوريّة الأرجنتين يؤكّد أن مصلحة البلاد فوق مصلحة الجميع

الدرس ٥

الأرجنتين – رويتر : أذاع رئيس جمهوريّة الأرجنتين الليلة الماضية كلمة على الشعب قال فيها إن حكومته لم ولن تسمح للشيوعيّين بالوصول إلى الحكم ، كما أنهّا ما قامت ولن تقوم بأيّ عمل فيه مساعدة للشيوعيّين على تحقيق غاياتهم . وأضاف الرئيس الأرجنتينيّ يقول "يجب أن يعلم الجميع أنه لا يُهمّنا

إلا مصلحة شعبنا ومصلحة بلادنا . فمصلحة الأرجنتين هي بالنسبة إلينا فوق كل شيء وهي التي تهمنا قبل أيّ شيء آخَر . ونريد كذلك أن يعرف الجميع أنّنا لن نسمح لأيٍّ أجنبيّ بالتدخّل في شؤوننا الداخليّة ، كما أنّنا لن نسمح لأيّ شخص خارج الحكم بالتدخل في شؤون الحكم ".

والجدير بالذكر أن كلمة رئيس جمهوريّة الأرجنتين جاءت بعد حملة عنيفة شنتها بعض الهيئات السياسية والأحزاب الوطنيّة على حكومته بسبب موقفها الأخير من الشيوعيين .

❀ 단어 · 숙어연구

أكّد	강조하다. 확언하다
مصلحة (ج : مصالح)	편의, 이익
فوق	…위에, …보다 우선하는
أذاع	(Ⅳ) 발표하다,방송하다, 내보내다
كلمة (ج : كلمات)	말, 연설
سمح لـ ... بـ ـــ ، (ـَ)	…에게~을 허락하다, 허용하다
حكم (ج : أحكام)	판단, 결정, 권력, 통치권
تحقيق	실현, 성취
غاية (ج : غايات)	목표, 목적
أضاف يقول ...	그는 … 라고 덧붙여 말했다.
أهمّ ...	(Ⅳ) 중요해지다.
لا يهمّنا إلا ...	…이외에는 우리에게 중요하지 않다, …만이 우리에게 중요하다
تدخّل	개입, 간섭
الجدير بالذكر أن ...	…는 언급할 만한 가치가 있다
حملة (ج : حملات)	공격, 캠페인, (군사적) 원정
شنّ حملة عنيفة على ...	…에 격렬한 공격을 퍼붓다
بسبب ...	…때문에, …라는 이유로, …로 인해

◘ 구문연구

① قال فيها إن... 이후의 문장은 كلمة 를 수식하는 절이다.

② فيه مساعدة 는 أي عمل 을 수식하는 절이다.

③ شنّتها بعض... 의 문장은 عنيفة 와 함께 حملة를 수식한다.

④ موقفها...من(…에 대한 입장) موقف 뒤에는 항상 من 이 쓰인다.

✲ 해석

아르헨티나 공화국 대통령, 국익은 모든 이익에 우선한다고 강조

아르헨티나 - 로이터 : 지난 밤 아르헨티나 공화국 대통령은 국민에게 한 연설을 방송하였는데 거기서 그는 그의 정부가 과거에도 앞으로도 결코 공산주의자들이 정권을 잡는 것을 허용치 않을 것이며, 또한 그의 정부는 공산주의자들이 그들의 목표를 성취하게 끔 도와주는 어떤 일도 과거에 수행한 적이 없으며 앞으로도 수행하지 않을 것이라고 말했다.

아르헨티나 대통령은 다음과 같이 덧붙여 말했다. "모든 사람들은 오직 국민의 이익과 국가 이익 만이 우리에게 중요하다는 것을 알아야 합니다. 그러니까 아르헨티나의 이익이란 바로 우리에겐 모든 것에 우선하는 것이고 그것은 다른 어떤 것 이전에 우리에게 중요한 것입니다. 또 우리는 앞으로 어떤 외국인에게도 우리 내부 문제에 간섭하는 것을 허용치 않을 것이며 또한 우리가 앞으로는 어떤 야권 인사에게도 통치문제에 개입하는 것을 허용치 않을 것이라는 것을 모든 사람들이 인식하길 우린 바라고 있습니다".

그런데 언급할 만한 것은 아르헨티나 공화국 대통령의 연설이 공산주의자들에 대한 정부의 최근 입장 때문에 일부 정치단체들과 민족정당들이 그의 정부에 퍼부었던 신랄한 공격 이후에 나왔다는 점이다.

제2부 6과

إعادة العلاقات الدبلوماسية بين كندا وإيران

الدرس ٦

أوتاوا : قرّرت أمس كندا وإيران إعادة العَلاقاتِ الدبلوماسيّةِ بينهما. وذكر متحدثٌ باسمِ وزارة الخارجيّة الكنديّة في مؤتمر صحفيٍّ أنّ الدولَتَيْنِ تَعتزمَانِ تبادُلَ السفراء. وأعرب عن أمله في أنّ كندا تتمكّن من فتحِ سِفارتِها في طهرانَ قبل شهرِ أكتوبر المقبِل.

단어 · 숙어연구

إعادة	재개, 회복
قرّر	(Ⅱ) 결정하다, 지정하다
متحدّث باسم	대변인
اعتزم	(Ⅷ)결심하다, 결의하다, 결정하다
تبادُل	교류, 교환
سفير (ج : سفراء)	대사
أمل (يَأمُلُ) ، أمل في ...	…을 희망하다, 바라다
تمكّن من ...	(Ⅴ)…을 할 수 있다

구문연구

① طهران 은 외래어 지명이므로 2격 명사다. 본문에서는 전치사 في 뒤에 쓰였기 때문에 속격이 "ـَ"로 나타난다.

② أكتوبر 는 고유명사 처럼 쓰이는 한정명사이므로 뒤에 오는 수식어는 한정형태(المقبل)이다.

해석

캐나다와 이란간의 외교관계 회복

오타와 : 어제 카나다와 이란은 양국간의 외교관계를 재개하기로 결정했다.
카나다 외무부 대변인은 기자회견에서 양국이 대사를 상호 교환하기로 결정했다고 언급하였다. 그리고 그는 다가오는 10월 이전에 카나다가 테헤란에 대사관을 열 수 있게 되기를 바란다는 자신의 희망을 밝혔다.

제2부 7과

عودة وزير الخارجيّة المصريّ بعد ختام جولته لعِدَّة عواصمَ عربيّةٍ

الدرس ٧

لقد قال وزيرِ خارجيّة مصرَ أمسِ عند رجوعه إلى القاهرة بعد اختتام زيارة رسميّة استغرقت أسبوعا إلى مختَلِف عواصم العالم العربيّ، إنّه مبتَهج جدًا بنتائج المباحثات الّتي أجراها مع رؤساء الحكومات الأخرى. وأكّد الوزير أنّ مصرَ لن تُغيِّرُ موقفَها بالنسبة لحقوق الشعب الفلسطينيّ، وفقال إنّ موافقتها وموافقة الدول العربيّة الأخرى على مواصلة وقف إطلاق النار ليس معناها مطلقا اعترافًا بالاحتلال الإسرائيليّ للأراضي العربيّة.

هذا وقد قال إنّ حكومته قد اتّخذت كلّ الإجراءات الضروريّة لتقوية جيشها حتّى تستطيع أن تواجه أي خطر في المستقبل، كما أنّه ردّ على سؤال وجّهه إليه بعض المراسلين قائلا إنّه لا يجب أن يبقى الوضع السياسيّ القائم الآنَ كما هو لأكثر من شهور قليلة، وإنّ عدم التطور في الموقف بشأن ردّ الأراضي المحتلّة قد يُسبِّبُ حربا جديدة.

단어 · 숙어연구

اختتام	마감, 끝냄, 종료
مبتَهِج بـ ...	…로 즐거운, 기쁜, 만족스러운
نتيجة (ج : نتائج)	결과, 성과

غيّر ، تغيير	(Ⅱ) 바꾸다, 변경하다
بالنسبة إلى (أو لـ) .	…에 대한, 에 관해서는
موافَقة على ...	…에 대한 동의, 합의, 일치
واصل ، مواصلة	(Ⅲ) 계속하다, 지속하다
معنى (ج : معانٍ)	의미
مطلَقا	절대로
اعترف بـ ... ، اعتراف	(Ⅷ)…을 인정, 승인하다
احتلّ ، احتلال	(Ⅷ)점령하다
هذا و ...	이외에도, 더욱이, 한편
اتّخذ ، اتّخاذ	(Ⅷ)채택하다, 취하다
إجراء (ـ ج : إجراءات)	절차, 조치
ضروريّ	필수적인, 필요한
تقويّة	강화, 굳게함
واجه ، مواجَهة	(Ⅲ)…에 맞서다, 직면하다
خَطَر (ج : أخطار)	위험
ردّ على ...	…에 대응하다, 대답하다
وجّه ، توجيه	(Ⅱ) 보내다
يجب أنْ ...	…해야 한다
وضع (ج : أوضاع)	상황, 상태
قائم	현존의, 기존의
بشأن ...	…에 관해서, …에 대한
سبّب	(Ⅱ)…을 유발하다, 일으키다

구문연구

① وزير خارجية مصر 에서 خارجية 는 جمهورية 나 ديمقراطية 와 같은 인조 동명사 (مصدر صناعي) 다.

② ليس معناها مطلقا 에서 معناها 는 주어, مطلقا 는 서술어, ليس 부정 보조어이다.

③ قائلا 은 بعض المراسِلينَ 에 대한 상태문 (الحال) 으로 بعض 에따라 단수로 쓸수있고 (قائلاً) المراسلين 에 따라 복수로 쓸 수도 있다.
(예) قَائِلِينَ

④ حرب은 여성명사이므로 수식어 جديدة 가 여성형으로 쓰였다.

✲ 해석

이집트 외무장관, 여러 아랍국 수도 순방을 마치고 돌아옴

이집트 외무장관은 일주일 걸린 아랍세계 여러 수도에 대한 공식 방문을 마친 후, 어제 카이로로 돌아와 다른 정부 수뇌들과 가졌던 회담들의 성과에 매우 만족하고 있다고 말했다. 그 장관은 이집트가 팔레스타인 국민의 권리에 대한 입장을 결코 바꾸지 않을 것이라고 확인하면서 정전 지속에 대한 이집트 및 여타 아랍국가들의 동의가 결코 아랍영토에 대한 이스라엘의 점령을 승인하는 것이 아니라고 말했다.

이 밖에도 그는 미래의 어떤 위험에도 대처할 수 있도록 그의 정부가 이집트 군의 강화를 위해 필요한 제반 조치들을 취해 놓았다고 말했다. 또한 일부 기자들이 그에게 던진 질문에 대해서 그는 작금의 기존 정치적 상황이 그대로 수개월 이상 지속되어서는 안된다고 말하면서 점령지 반환에 관한 입장에도 상황진전이 없는 것은 새로운 전쟁을 유발시키게 될지도 모른다고 답변하였다.

제2부 8과

انتهاء مؤتمر الدبلوماسيّين اللبنانيين في البرازيل

الدرس ٨

سان باولو – وكالة الصحافة الفرنسيّة : انتهى الليلةَ الماضيةَ مؤتمر الدبلوماسيّين اللبنانيّين الّذي كان قد بدأ هنا في الخامس من هذا الشهر برئاسة وزير خارجية لبنان . وتقول المصادر اللبنانيّة إنّ الوزير اللبنانيّ سيبقى في سان باولو حتّى السابعَ عشرَ من الشهر الجاري . والجدير بالذكر أن سان باولو هي من أكبر وأهمّ المدن التجاريّة في البرازيل وفيها عدد كبير من اللبنانيّين .

وعلم أن وزير خارجيّة لبنان سيسافر إلى برازيليا ، عاصمة البرازيل ، حيث يَعقد اجتماعا مع رئيس الجمهوريّة بحضور وزير الخارجيّة البرازيليّ . وسيجري البحث في ذلك الاجتماع حول مستقبل العلاقات بين البرازيل والعالم العربيّ بصورة عامّة ، وبين البرازيل ولبنان بصورة خاصّة . ثم إن هناك قضايا أخرى تُهمُّ البلدين يُريد وزير خارجية لبنان اجراء محادثات بشأنها مع الرئيس البرازيليّ ووزير خارجيّته . ومن بين هذه القضايا مستقبل العلاقات بين لبنان والأشخاص ألّذين غادروا هذا البلد إلى البرازيل وأصبحوا الأن مواطنين برازيليِّين . وسيعود الوزير اللبنانيّ إلى بيروت بطريق الجو في التاسعَ عشرَ من هذا الشهر.

⊛ 단어・숙어연구

انتهاء	끝남, 종료
دبلوماسيّ	외교관
برئاسة ...	…를 의장으로 하여 , …의 주도로, …의 주재하에
بقِي (ـَ) ، بَقاء	남다, 존재하다, 체류하다
جارٍ	현재의, 지금의
عُلِمَ أن ...	…라고 알려졌다
بحضور ...	…참석하에, 배석한 가운데에
بصورة عامّة	대개, 일반적으로
بصورة خاصة	특히, 특별히
ومن بين ...	…중에, …가운데에
غادر ، مغادرة	(Ⅲ)떠나다, 출발하다
بطريق الجوّ	항공편으로

◘ 구문연구

① كان قد بدأ 는 대과거인 كان بدأ (시작했었다) 보다는 나중이고, 단순 과거인 بدأ (시작했다) 보다는 앞선 시제다. 즉 كان قد بدأ 는 (막 시작했다) 의 의미이다.

② إن هناك قضايا أخرى 에서 هناك 는 서술어이고 قضايا 가 إن 뒤에 오는 주어이기 때문에 대격으로 쓰인다.

③ يريد وزير... 와 تَهُمّ البلدين 두 문장은 모두 قضايا أخرى 를 수식하는 절이다.

✲ 해석

브라질에서 레바논 외교관들의 회의 종료

상파울로 - 프랑스 통신사 : 어제밤 레바논 외무장관의 주재로 이번 달 5일 이곳에서 시작된 바 있던 레바논 외교관들의 회의가 끝났다. 레바논 소식통들은 그 레바논 장관이 이달 17일까지 상파울로에 머물 예정이라고 전하고 있다. 그런데 언급할 만한 사실은 상파울로가 브라질에서는 가장 크고 중요한 무역도시이고, 그 안에 수많은 레바논 사람들이 있다는 점이다.

레바논 외무장관은 브라질 수도인 브라질리아로 떠날 것이며 거기서 그는 브라질 외무장관이 배석한 가운데 대통령과 한 회합을 가질 것이라고 알려졌다. 그 회합에서 일반적으로는 브라질과 아랍세계간 장래 관계가, 특별하게는 브라질 레바논 간의 장래관계에 관한 토의가 이루어질 예정이다. 그 다음으로도 거기에는 레바논 외무장관이 브라질 대통령과 그의 외무장관과 함께 회담의 시행을 원하고 있는 양국의 기타 관심사들이 있다. 이런 문제들 중에는 레바논과 레바논을 떠나 브라질로 가 현재 브라질 시민이 된 사람들 사이의 장래관계가 있다. 레바논 외무장관은 이달 19일 항공편으로 베이루트로 돌아올 예정이다.

제2부 9과

رئيس وزراء اليمن :
علاقاتنا بالمملكة جيدة ونعمل معا للمصلحة المشتركة

الدرس ٩

بيروت – : وصف رئيس وزراء الجمهوريّة العربيّة اليمنيّة عبد العزيز عبد الغني في حديث نشرته مجلة "النهار العربيّ والدوليّ" اللبنانية علاقاتِ بلادهِ مع المملكة بأنّها ممتازة.

وقال إن هناك عدداً كبيراً من اليمنيّين يعملون في المملكة ومن هنا .. فعلاقاتنا بأشقائنا جيدة وكلّ طرف يسعى ويعمل من أجل المصلحة المشتركة للجميع .

وطالب كلّ القوى العربيّة بان تتضامن وتتّحد لإنقاذ لبنان وإعادة وحدته في إطار ما يريده أبناء لبنان.

واكّد أن إعلان الدولة الفلسطينيّة عمل جيد واليمن تؤيّده وتباركه.

❀ 단어・숙어연구

وصف ... ، (يَصِفُ)	…로 묘사하다, 기술하다, 설명하다
من هنا	여기서부터, 그런고로, 그러므로, 이로써 ; 이리로 (가세요)
شقيق (ج : أشقّاء ، أشقّة)	친형제
طرف (ج : أطراف)	끝, 쪽, 측
سعى إلى (لـ) ، (بِـ)	애쓰다, 힘쓰다, 노력하다
من أجل	…을 위하여
طالَبَ ، مطالبة	(Ⅲ)요구하다, 주문하다
قُوّة (ج : قوّات ، قوًى)	힘, 세력, 위력
تضامن ، تضامُن	(Ⅵ)(서로)결속하다,일치하다, 단결하다
اتّحد ، اتّحاد	(Ⅷ)단합하다, 연합하다

إنقاذ	구호, 구조
إعادة وحدة	재통합, 재통일
أيّد ، تأييد	(Ⅱ)지지하다, 지원하다
بارك	(Ⅲ)축복하다

구문연구

① اللبنانية (.... النهار) مجلة 에서 اللبنانية 는 مجلة 의 수식어.

② ... عددًا كبيرًا من 는 إن 뒤에 오는 대격 주어이고 هناك 는 서술어 이다.

해석

예멘 수상 : 사우디와의 우리관계는 훌륭하며,
우리는 공동의 이익을 위해 함께 노력하고 있다

베이루트 - 예멘 아랍 공화국 수상 압둘 아지즈 압둘 가니는 '알나하르 알아라비 알 두왈리' 레바논 잡지가 게재한 한 인터뷰에서 사우디와 그의 나라와의 관계는 탁월한 것이라고 묘사했다.

그는 '사우디에는 우리로 부터 간 상당히 많은 수의 예멘 출신 사람들이 일하고 있습니다. 우리와 우리 형제들과의 관계는 훌륭하고, 각 측은 모두의 공동이익을 위해 애쓰며 노력하고 있습니다'고 말했다.

그는 모든 아랍세력에게 레바논을 구하기 위해 그리고 레바논 국민들이 원하는 범주안에서의 재통합을 위해 서로 결속하고 단합할 것을 요구했다.

그는 팔레스타인 국가선언은 훌륭한 일이며 예멘은 이를 지지하고 축복한다고 확언하였다.

제2부 10과

باكستان تطلب مساعداتٍ بريطانيةً جديدةً

الدرس ١٠

لندن – رويتر : أجرى رئيس جمهوريّة باكستان اليومَ محادثاتٍ مع السيد توني بلير، رئيس وزراء بريطانيا، حول المساعدات البريطانية لباكستان.

وكان الرئيس الباكستانيّ قد وصل إلى لندن في الساعة العاشرة قبل ظهر يوم الجمعة في زيارة غير رسمية للعاصمة البريطانية يقوم بها وهو في طريقه إلى الولايات المتحدة حيث يعقد اجتماعا مع الرئيس الأمريكيّ الجديد. ويسافر مع الرئيس الباكستانيّ اثنانِ من الوزراء وعدد من كبار المسؤولين في حكومته. أما الوزيران فهما وزيرا الاقتصاد والداخليّة. وقد اشترك الأول في جزء من المحادثات الّتي جرت اليومَ بين الرئيس الباكستانيّ ورئيس الوزراء البريطانيّ واستغرقتْ أكثرَ من ساعتين ونصف الساعة. ولم يشترك وزير الداخليّة في تلك المحادثاتِ، ولكنّه قام بزيارة قصيرة لوزارة الداخليّة البريطانيّة حيث كان في استقباله وزير الداخلية وعدد من كبار الموظّفين.

❀ 단어 · 숙어연구

أجرى محادثات	회담들을 갖다, 개최하다
في زيارة غير رسميّة لـ ...	…에 대한 비공식 방문으로
في طريقه إلى ...	…로 가는 도중에 (그의)
عقد اجتماعا مع ...	…와 회의를 개최하다
اشترك في ...	…에 참석하다

◘ 구문연구

① تطلب مساعدات بريطانيةً 에서 مساعداتٍ 는 목적어로 여성형 규칙 복수이기 때문에 ـِ 으로 쓰였지만, 그 수식어는 원래대로 대격인 ـً 으로 쓰인다.

② اثنان من الوزراء 에서 اثنانِ 는 쌍수와 똑같이 변화한다. 그러므로 اثنان 은 주격이다.   اثنان - 주격 , اثنين - 속격,대격

✱ 해석

파키스탄, 영국의 새로운 지원을 요청하다

런던 - 로이터 : 파키스탄 공화국 대통령은 오늘 영국수상 토니 블레어씨와 영국의 파키스탄에 대한 원조에 관해서 회담을 가졌다.

파키스탄 대통령은 신임 미국대통령과 회의를 개최할 미국으로 가는 도중에 영국의 수도에 대한 비공식 방문으로 금요일 오전 10시에 런던에 도착하였다. 2명의 장관과 정부의 많은 고위 책임자들이 파키스탄 대통령을 수행하고 있다. 그 두 장관은 바로 경제 · 내무부장관이다. 그런데 전자(경제부장관)는 오늘 파키스탄 대통령과 영국 수상간에 2시간 반 이상 걸려 열렸던 일부 회담에 참석했다. 내무장관은 그 회담에는 참석치 않았으나, 영국 내무성을 잠시 방문하였는데 거기서 영국의 내무장관과 많은 고위 관리들이 그를 맞이 하였다.

제2부 11과

الأردنّ يتلقّى دعوة كويا للمساعدة في رفع الحصار عنها

الدرس ١١

عمّان - الشرق الأوسط : دعت كويا الأردنَّ لمساندتها في مساعيها لرفع الحصار المفروض عليها، وذلك عند التصويت من قبل الجمعيّة العامّة للأمم المتّحدة مستقبلا. وأبدى رئيس جمعيّة الصداقة العربيّة - الكويتيّة، عُضْوُ لجنة الشؤون الخارجيّة في البرلمان الكويتيّ، الّذي يزور الأردنّ حاليّا ضمن جولة له في المنطقة، رغبة بلاده هذه لدى استقبال رئيس مجلس الأعيان الأردنيّ أحمد اللوزي في عمّانَ أمسِ.

⁂ 단어 · 숙어연구

مساعدة	지원, 원조, 도움
رفع	해제, 제거
حصار	봉쇄
مساندة	원조, 도움, 지원
مسعى (ج : مساعٍ)	노력, 노고
حظر	금지, 규제
مفروض على ...	…에 부과된
تصويت	투표
مِن قِبَل	…에 의해
جمعيّة عامّة	총회
أبدى	(Ⅳ)표명하다
جمعيّة الصداقة	친선협회
رغبة	희망, 바램
مجلس الأعيان	상원

◘ 구문연구

① الأردنّ 은 شدّة 없이 الأردن 으로도 쓴다., 단 ياء النسب 이 붙을때에는 شدّة 없이 쓰인다. 〈예〉 الأردنيّ

② جولة له 는 "그의 순방" 으로 번역했지만, 비한정을 나타낸다. 두번째 쓰일때 부터는 한정으로 جولته 라고 쓴다.

✲ 해석

요르단, 쿠바봉쇄해제를 위해 도와 달라는 쿠바의 요청을 받다.

암만 – 중동(통신) : 쿠바는 자국에 부과된 봉쇄를 풀려고 하는 노력에 대해 요르단에 지원을 요구하였는데, 이는 향후 유엔 총회에 의한 투표때를 위한 것이다. 이 지역 순방중 현재 요르단을 방문하고 있는 아랍-쿠바 친선협회 회장겸 쿠바 의회 외무분과 위원회 위원은 어제 암만에서 아흐마드 알루지 요르단 상원 의장이 영접할 때 자국의 이같은 희망을 표명하였다.

제2부 12과

بحث مشكلة انضمام الكويت إلى الجامعة العربية

الدرس ١٢

القاهرة – وكالة الأنباء العربيّة : عقدت اللجنة السياسيّة التابعة للجامعة العربيّة اجتماعا طويلا هذا المساءَ برئاسة مندوب المغرب للبحث في المشاكل التي نشأت عن اعتراف بعض الدول العربيّة بالكويت ولاتّخاذ قرار بشأن قبول الكويت عضوا في الجامعة . وكانت الكويت قد طلبت رسميًا أن تكون عضوا في الجامعة العربيّة بعد أن اصبحت دولة مستقلّة . ولكنّ اللواءَ عبدَ الكريم قاسم ، رئيسَ وزراء العراق أعلن في خطاب ألقاه بعد إعلان استقلال الكويت أن الكويت ليست إلا جزءا من الأراضي العراقيّة لذلك فهو يطلب من الدول العربيّة الامتناع عن الاعتراف بالكويت دولةً مستقلّةً والامتناع كذلك عن بحث قضية الكويت داخل الجامعة العربيّة أو قبولها عضواً في الجامعة . ثمّ إنّه يطلب فوق ذلك من حكومات الدول العربيّة أن تقف إلى جانب العراق أثناء مناقشة هذه القضية في الأمم المتّحدة.

단어 · 숙어연구

لجنة سياسية	정치위원회
تابِع لـ ...	…에 속한, …산하의, …부속의
الجامعة العربية	아랍연맹
برئاسة ...	…을 의장으로 하여, …주재하에
نشأ عن ... ، (ـُ)	…로부터 발생하다.

	기원되다, 초래되다.
لِواء	소장, 장군 〈비〉 جنرال
الكويت ليست الا جزءا من	쿠웨이트는 이라크 영토의
الأراضي العراقيّة	일부일 뿐이다
	〈문〉 여기서의 إلاّ 는 제한을 나타내며 إلاّ 뒤의 명사는 문장내의 위치에 따라 격변화 된다.
فوق ذلك	그위에, 게다가, 그밖의 덧붙여
وقف إلى جانب ... ، (ـِ)	…의 편에 서다

구문연구

① اللواءَ عبد الكريم قاسم رئيسَ... 에서 عبد الكريم 과 رئيس ... 는 모두 اللواء 와 동격으로 لكنّ 뒤에서 대격이 되었다.

② دولةً مستقلةً، عضواً 은 상태문 (الحال) 이다.

✲ 해석

쿠웨이트의 아랍연맹 가입문제 토의

아랍연맹산하 정치위원회는 일부 아랍국가들이 쿠웨이트를 승인하는 데서 비롯된 문제들의 토의와 쿠웨이트를 연맹의 한 회원국으로 받아들이는 문제에 관련된 결정을 채택하기 위해 오늘 저녁 모로코 대표 주재하에 장시간 회의를 개최하였다. 쿠웨이트는 독립국가가 된 후, 아랍연맹의 회원국이 되길 공식적으로 요청한 바 있었다. 그러나 이라크 수상 압둘카림 카심 장군은 쿠웨이트 독립선언후 행한 한 연설에서 쿠웨이트는 단지 이라크 영토의 일부일 뿐이며 따라서 그는 아랍국가들에게 쿠웨이트에 대한 독립국가 승인을 거부하고, 또한 아랍연맹내에서 쿠웨이트 문제 토의나 혹은 연맹의 회원국으로 쿠웨이트를 수락하는 것을 거부하길 요청한다고 발표했다.

그 위에 덧붙여 그는 아랍 정부들에게 유엔에서의 이 문제토론 중 이라크편에 서줄것을 요청하였다.

제2부 13과

وزراء خارجيّة المجموعة الأوروبيّة يشيدون بقمة حلف وارسو

الدرس ١٣

أثينا - رويتر : قال دبلوماسيّون إن وزراء خارجيّة المجموعة الأوروبيّة أشادوا أمسِ بقمّة حلف وارسو الّتي عُقِدَت الأسبوعَ الماضِيَ وبمؤتمر الحزب الشيوعيِّ السوفيتيِّ الأخير على أنهما يُضيِّقان الفجوة في الخلافات بين الشرق والغرب.

وقالوا إنّ الوزراء بحثوا أيضا الهجوم الّذي شنّه ثوّار في الأسبوع الماضِي على عبّارة سياحيّة يونانيّة وأسفر عن مقتل تسعة أشخاص وإصابة ٨٠ شخصًا بجروح بعد أن استمعوا لتقرير عن الحادث من كارولوس بابولياس وزير خارجيّة اليونان.

وأضاف الدبلوماسيّون قولَهم إنّ الوزراء سيدعون جنوب إفريقيا إلى الإفراج عن الزعيم الوطنيّ الأسود المسجون نيلسون مانديلا.

وقال هانز - ديتريش جينشر وزير خارجيّة ألمانيا الغربيّة إنّ الوزراء يُرحّبون بردّ الفعل الإيجابيّ من جانب حلف وارسو على الموقف الّذي يتبناه حلف شمال الأطلسيّ منذ وقت طويل.

ꕥ 단어 · 숙어연구

المجموعة الأوروبيّة	유럽공동체(E.C.)
أشاد (بـ ...)	(Ⅳ)높이다, …을 찬양하다, 칭송하다
قمّة	정상, 꼭대기
حلف وارسو	바르샤바 동맹(조약기구)
على أن ...	…때문에, …에 대하여
ضيّق	(Ⅱ)좁히다
فجوة (ج : فجوات)	구멍, 틈, 격차
هجوم	공격
شنّ (غارة)	공격을 퍼붓다
ثائر (ج : ثُوّار)	혁명가, 반란자
عَبّارَة	배, 연락선, 나룻배
أسفر عن ...	(Ⅳ)결과로서 …을 초래하다, …로 끝나다
أُصِيبَ بـ ...	(Ⅳ)(수동태로)…(병)에 걸리다,…에 맞다
جُرْح (ج : جِراح ، جُروح)	부상, 다침
حادث (ج : حوادث)	사건
أفرج عن ...	(Ⅳ)…을 석방하다
مسجون	(감옥에) 갇힌, 투옥된
رحّب بـ ...	(Ⅱ)…을 환영하다
ردّ الفعل	반응, 반작용
إيجابيّ	긍정적인
تبنّى	(Ⅴ)취하다, 채택하다

◘ 구문연구

① الأسبوعَ الماضيَ 는 في الأسبوعِ الماضي 와 같은 의미이다.

✲ 해석

유럽공동체 외무장관들,

바르샤바 동맹의 정상회담을 높이 평가하다

아테네 - 로이터 : 외교관들은 어제 유럽공동체 외무장관들이 지난 주에 개최된 바르샤바 동맹의 정상회담과 최근의 소련공산당 전당대회가 동·서 양진영의 이견차이를 좁히려 한 것에 대하여 높이 평가했다고 말했다.

그들(외교관들)은 장관들이 또한 지난 주에 반란자들이 그리스 관광 여객선에 퍼부어 9명의 사망자와 80명의 부상자를 내었던 공격행위에 대해서도 카를로스 바불리야스 그리스 외무장관으로부터 그 사건에 대한 보고를 들은 후에 논의를 하였다고 말했다.

외교관들은 외무장관들이 남아프리카(공화국)에 투옥중인 흑인 민족 지도자 넬슨 만델라의 석방을 촉구할 것이라고 덧붙여 말했다.

한스 디트리시 진셔르 서독외무장관은 오래전부터 북대서양 조약기구가 채택하고 있는 입장에 대하여 바르샤바 동맹측의 긍정적인 반응을 (외무)장관들이 환영하고 있다고 말했다.

제2부 14과

حوار بين صديقَيْن عن أهميّة الحوار بين الغرب والشرق

الدرس ١٤

أ : أهلا يا زُهَيْرُ ! ماذا تقرأ بهذا الاهتمام ؟

ب : أنا أقرأ مقالة للمراسل السياسيّ لجريدة التايمز تصف الأوضاع في أوربا ، ومحاولة حكومة ألمانيا الغربيّة للتفاهم وتحسين العلاقات مع دول أوربا الشرقيّة الشيوعيّة . هل قرأتها أنت ؟

أ : نعم ، على أنّني لا أوافق على ما فيها حيث يدّعي كاتبها أنّه من الممكن هذه المرّة التوصّلُ إلى اتّفاق سياسيّ بين بون والشيوعيّين يفيد الغرب والأمن الدوليّ .

ب : صحيح ؟ قُلْ لي يا عبدَ الله ، هل أنت متخصّص كذلك بالشؤون

السياسيّة لأروبا؟

단어・숙어연구

بهذا الاهتمام	이런 관심을 가지고, 그렇게 관심있게
وصف (يَصِفُ)، وَصْف	기술하다, 묘사하다, 그리다
محاولة	시도, 시험
تفاهم	(상호) 이해
وافق على …	(Ⅲ)…에 동의하다. 일치하다
ادّعى	(Ⅷ)주장하다, 요청하다, 자칭하다
توصّل إلى …	(Ⅴ)…로 접근하다, 도달하다 , 이르다
أفاد	(Ⅳ)소용되다, 이익되게 하다; 알리다, 전하다
متخصّص بـ…	…에 전문인, 전문가

구문연구

① 호격사 ياء 뒤에 한 단어로 된 이름이나 명사가 오면 탄윈없이 ـُ 만을 써서 주격으로, 연결형은 대격으로 쓰인다.

(예) يا سالمُ، يا عبدَ اللهِ

② التوصّلُ أنّه من الممكن هذه المرّةَ 에서 أنّ 이후의 접미대명사 الهاء 가 주어이고 من الممكن 이후 문장은 서술어 문장이다. هذه المرّةَ 는 부사어로 في هذه المرّةِ 의 뜻이다.

✻ 해석

동서간 대화의 중요성에 대한 두 친구간의 대화

A) 잘 있었나 주하이르! 무엇을 그렇게 관심있게 읽고 있나?

B) 난 서독정부의 동유럽 공산국가들과의 상호 이해 및 관계개선을 위한 시도와 유럽에서의 정세를 묘사한 타임즈지 정치 특파원의 한 기사를 읽고 있네. 자네도 그걸 읽었는가?

A) 그래 하지만 난 필자가 거기에서, 이번에는 본(Bonn)과 공산주의자들 사이에 서방이나 국제 안보에 유익하게될 한 정치협약에 도달할 수 있을 것이라고 주장하고 있는 데에 동의하질 않네.

B) 정말 그래? 여보게 압달라 내게 말해 보게. 자네가 그렇게 유럽 정치 문제에 관한 전문가인가?

제2부 15과

محادثات حول التعاون النوويّ بين مصرَ وفرنسا

الدرس ١٥

باريس : وصل الى باريس أمس السيد ماهر أباظة وزير الكهرباء المصريّ في بداية زيارة إلى فرنسا تستغرق أسبوعًا يُجري خلالها محادثات مع مسؤولي الطاقة الفرنسيّين حول التعاون النوويّ بين البلدَيْن .

❀ 단어 · 숙어연구

نووي	원자력의, 핵의
وزير الكهرباء	전력성 장관
طاقة (ج : طاقات)	힘, 에너지
تعاون نووي	원자력 협력

◘ 구문연구

① تستغرق أسبوعاً 과 يجرى خلالها... 는 زيارة 를 수식하는 문장이다.

② مع مسؤولي الطاقة 에서 مسؤولين 이 연결형 제 1요소가 되면서 النون 이 생략되었다.

✲ 해석

이집트와 프랑스간 핵 협력에 관한 회담

파리 : 일주일 걸리는 프랑스 방문을 시작하면서 어제 '마헤르 아바다' 이집트 전력성 장관이 파리에 도착하였다. 그는 이 방문 동안에 양국간의 핵 협력에 관하여 프랑스 에너지 책임자들과 회담을 가질 것이다.

제2부 16과

اختبار نوويّ سوفياتيّ تحت الأرض

الدرس ١٦

موسكو : ذكرت وكالة الأنباء السوفياتيّة الرسميّة (تاس) أن الاتّحاد السوفياتيّ أجرى أمس اختبارا نوويّا تحت الأرض في جزيرة نوفايا زيمليا .

وقالت تاس إن الانفجار الّذي كانت قوّته تتراوح ما بين ٣٠ و ١٥٠ كيلوطن قد تمّ في الساعة الثامنة صباحا بتوقيت موسكو (٥:٢٠ بتوقيت غرينتش) وذلك بهدف تطوير التكنولوجيا العسكريّة .

단어 · 숙어연구

اختبار	실험, 테스트
نوويّ	핵의, 원자력의
وكالة الأنباء	통신사, 소식통
انفجار	폭발, 폭파
تراوح بين... و....	(…사이를) 오르내리다, 오가다
توقيت	시각, 타이밍
بتوقيت ...	…시각으로
تطوير	개발, 발전
تكنولوجيا	기술

구문연구

① ... قد تم في 이하 문장이 الانفجار 의 서술어이다.

② تكنولوجيا 는 어근이 아닌 ألف 로 끝난 단어이기에 여성형이다.

예를들면 سينما، موسيقي 는 여성형이다. 그러나 مستشفى 의 경우는 شفى에서 ألف 가 어근이기 때문에 남성형이다.

✻ 해석

소련의 지하 핵실험

모스크바 - 소련의 관영 타스 통신사는 소련 연방이 어제 노파야 지밀리야 섬에서 지하 핵실험을 실시했다고 언급했다. 타스는 20~150 킬로톤 사이의 위력을 가진 폭발이 모스크바 시각으로 아침 8시에 (그리니치 시각 5:20) 이루졌으며 그것은 군사기술 개발을 목적으로 하는 것이라고 말했다.

제2부 17과

مشروع قرار آسيويّ - إفريقي لإنهاء الخلافات الدوليّة في أنحاء العالم

الدرس ١٧

نيويورك - الأمم المتّحدة : عقد مندوبو دول الكتلة الآسيويّة - الإفريقية المؤلّفة من خمس وأربعين دولة من دول آسيا وإفريقيا الأعضاء في الأمم المتّحدة اجتماعا استغرق حوالي ثلاث ساعات للبحث في اتّخاذ موقف موحّد من قضية إنهاء الخلافات الدوليّة في العالم وغيرها من القضايا الدوليّة. وقد وافق أعضاء هذة الكتلة على اقتراح لمندوب المغرب بتقديم مشروع قرار آسيويّ -إفريقيّ يطالب جميع الدول الأعضاء في هيئة الأمم المتّحدة بالعمل على إنهاء الخلافات الدوليّة بجميع صورها في جميع أنحاء العالم . وبعد انتهاء الاجتماع سأل الصحفيّون رئيس الكتلة عن تفاصيل هذا المشروع فأجاب قائلا : "لا يمكنني

التصريح بأيّ شيء حول هذا الموضوع لانّنا في الواقع لم نتّفق بعد على جميع التفاصيل الّتي تتعلّق بمشروع القرار الذي ستقدّمه الكتلة إلى الجمعية العامة" . وكل ما يمكنني قوله الآن هو أنّنا اتّفقنا جميعا على اتّخاذ موقف موحّد من هذه القضية . كما أنّنا اتّفقنا على ضرورة تقديم مشروع قرار بهذا الشأن خلال الدورة القادمة للجمعيّة العامّة للأمم المتّحدة . وسنتابع البحث في هذا الموضوع في اجتماعاتنا القادمة .

❀ 단어・숙어연구

كتلة (ج : كُتَل)	진영, …권, 무더기
دول الكتلة الآسيويّة الإفريقيّة	아시아-아프리카권 국가들
مؤلّف من ...	…로 구성된, 이루어진
استغرق	(Ⅹ)(시간이) 걸리다, 소요되다
اتّخذ	(Ⅷ)취하다, 채택하다
اتّخذ موقفا موحّداً من ...	…에 대해 단합된 입장을 취하다
إنهاء	끝냄, 종결, 종식
إنهاء التفرقة العنصريّة	〈예〉인종 차별의 종식
مشروع قرار	결의안, 결정안
بجميع صُوَرِه	모든 형태의 (…로)
في جميع أنحاء العالم	전 세계에서
في الواقع	사실상, 실제로
ضرورة	필요, 필수
تابع ، متابعة	(Ⅲ)계속하다, 지속하다, 추구하다

◘ 구문연구

① الأعضاء في الأمم 에서 الأعضاء 는 دول آسيا وإفريقيا 의 수식어다.

② لم نتّفق بعد... 에서 لم ...بعد 는 ″ 아직 … 하지 않았다.″ 라는 의미이다.

✲ 해석

전세계에서의 국제분쟁 종식을 위한 아시아-아프리카의 결의안

뉴욕-유엔 : 유엔내 아시아, 아프리카 회원국 중 45개국으로 구성된 아시아, 아프리카권 국가 대표들은 세계에서의 국제분쟁 종식 문제와 그외 국제 문제들에 통일된 입장을 취할 것을 검토하기 위해 약3시간이 소요된 한 회의를 개최했다. 이 진영의 회원국들은 전 세계에서의 모든 형태의 국제분쟁 종식을 위한 노력을 유엔기구내 전 회원국에게 요청하고 있는 모로코 대표의 아시아-아프리카 결의안 제출 제의에 동의하였다.

그 회의 종료후 언론인들은 그 진영 의장에게 이 계획안의 세부사항에 대해 물었는데, 그는 다음과 같이 대답했다.

″저는 이 주제에 관해 아무것도 설명할 수 없습니다. 왜냐하면 사실상 우린 아직 총회에 상정하려는 결정안에 관련된 세부사항 전체에는 합의하지 않았기 때문입니다. 지금 제가 말할 수 있는 것 모두는 우리 모두가 이 문제에 단일된 입장을 취할 것에 동의했다는 것입니다. 또한 유엔 총회 차기 회기중 이 문제에 관한 결정안을 상정할 필요성에 동의했다는 것입니다. 우리는 앞으로도 우리들 차기 모임에서 이 주제에 대한 토의를 계속할 것입니다″.

제2부 18과

محمد السادس يدعو كلينتون لاتّخاذ مبادرة تُنْقِذُ السلام

الدرس ١٨

حثّ العاهلُ المغربيّ الملكُ محمد السادس الرئيسَ الأمريكيّ بيل كلينتون على تنشيطِ عمليّة السلام في الشرق الأوسط الّتي قال إنها تمرّ بمرحلة صعبة في الوقت الراهن داعياً لإيجاد مبادرة من شأنها ضمان استئناف المفاوضات بين الطَرَفَيْن.

وأكّد العاهلُ المغربيُّ في رسالة وجّهها أمسِ للرئيس الأمريكيّ بمناسبة ذكرى الاستقلال الأمريكيّ " أنّ تنفيذ عملية السلام ومواصلتها بالشرق الأوسط اللّذين بذلتم شخصيّا الكثير من أجل تحقيقِهما ، يمرّان حاليا بمرحلة صعبة، وأننا على يقين بأنّ تعلُّقَكم بالسلم واحترامِ الكرامةِ الإنسانية والعدلِ والأمن سيكون مصدرَ إلهام لكم لإيجاد مبادرة من شأنها ضمان استئناف المفاوضات بين الجانبَيْن".

وأضاف العاهل المغربيّ أنّ "اقتناعَنا شديد بأن السلام يستحقّ كلَّ هذا الجهدِ، وأنَّ أيّ بديلٍ آخَرَ عنه لا يمكن أن يؤدّي إلى النتيجة المرجوّة".

❀ 단어 · 숙어연구

اتّخاذ	채택, 취함, 선발
مبادرة (ج : ــات)	창의, 발기, 발상, 주도권
أنقذ	(Ⅳ)구조하다, 구출하다, 구제하다
حثّ على ... (ــُ ، ــَ)	…하도록 선동하다, 부추기다
عاهل (ج : عواهلُ)	군주, 통치자, 임금
عملية	작전, (외과)수술, 행동, 작업
مرّ بـ ... (ــُ)	…를 지나가다, 통과하다
مرحلة (ج : مراحلُ)	단계, 과정, 시기
راهن	현재의, 현존의, 현행의
إيجاد	창조, 창출
ضمان	보장, 보증, 담보

استئناف	재개
بمناسبة ...	…에 즈음하여, …을 맞이하여
ذكرى الاستقلال الأمريكيّ	미국독립기념일
الكرامة الإنسانيّة	인간존엄성
ألهم	(Ⅳ) 고무하다, 고취하다
اقتناع بـ ...	만족
استحقّ	(Ⅹ)…할 만한 가치가 있다
بديل	대용품, 대체품
نتيجة (ج : نتائجُ)	결과
مَرْجوّ	바라는, 기대되는, 희망을 건

구문연구

① محمد السادس는 الملك와 العاهلُ المغربيُّ와 동격이다.

② داعيًا 은 상태문(الحال)이다.

③ اللذين 는 쌍수관계대명사의 속격.대격 형태로, 복수형태인 الذين 와 구분하기 위해 اللام 을 한번 더 써준다. 이 쌍수 관계대명사는 تنفيذ 와 مواصلة 두 단어를 연결하는 말이다

해석

무함마드 6세 , 평화구제 발상을 채택하도록 클린턴에게 촉구

모로코 군주인 무함마드6세 왕은 미대통령 빌 클린턴에게 양측간의 협상재개를 보장하는 문제에 관한 발상을 강구하도록 역설하면서, 현재 시점에서 어려운 단계를 지나고 있다고 그가 말했던 중동에서의 평화작업 활성화를 촉구하였다.

모로코 군주는 어제 미국독립기념일을 맞이하여 미대통령에게 보낸 서신에서 "귀하께서 실현시키기 위하여 개인적으로 많이 노력하고 계신 중동평화작업을 집행하고 지속하는 일은 현재 어려운 단계를 지나고 있습니다. 그런데 우리는 평화, 인권존중, 정의와 안전에 대한 귀하의 애착이 양측간 협상재개를 보장하는 문제에 관한 발상을 강구하

도록 귀하를 고무시키는 원천이 될 것이라고 확신하고 있습니다"라고 강조하였다. 모로코 군주는 "평화는 이러한 모든 노력을 기울일 만한 가치가 있으며, 평화를 대신하는 어떤 다른 대안도 바라는 결과를 초래 할 수 없을 것이라는 데서 우리는 매우 만족스러워 한다 "고 덧붙였다.

제2부 19과

نافياً تجميد المباحثات إلى ما بعد الانتخابات الإسرائيليّة
السفيرَ اللبنانيّ في واشنطن
يؤكّد عودة أمريكا لتحريك مفاوضاتِ السلام

الدرس ١٩-١

بيروت – الشرق الأوسط : أكّد رئيسُ الجمهوريّةِ اللبنانيِّ إليـاس الهراوي أن لبنانَ ينتظر توجيهَ الدعوة إليه للعودة إلى طاولة المفاوضاتِ مع إسرائيلَ .

وقال سفيرُ لبنانَ في واشنطن رياض طبارة بعد لقائه الرئيسَ إلهراوي أمسِ: إنّ الولاياتِ المتّحدةَ الأمريكيّةَ تسعى إلى تحريك المسارَيْنِ اللبنانيّ والسوريّ ّولبنان ينتظر معطيَاتٍ جديدةً خلال الشهرَيْنِ المُقْبِلَيْن بعد عودة التحرّك الأمريكيّ.

단어 · 숙어연구

نفى (ـِ)، نَفْي	부인하다, 거부하다, 부정하다
جمّد ، تجميد	(Ⅱ)동결(응고)시키다
تحريك	가동, 작동, 움직임
طاولة المفاوضات	협상 테이블
سَعَى (ـَ)، سَعْي	애쓰다, 노력하다
مَسار (ج : مسارات)	(광선 등의)진로, 노선, 행로
مُعْطَيات (= مَعْلومات)	자료, 정보, 주어진 것

◘ 구문연구

① بعد لقائه الرئيسَ 의 الرئيس 는 동명사 لقاء 의 목적어이다.

② لبنانُ ينتظر معطياتٍ جديدةً 에서 معطيات 는 목적어이지만 여성형 규칙 복수 이기때문에 ـِ 으로 쓰였고 그에 대한 수식어는 원래대로 대격으로 표현되었다.

✲ 해석

이스라엘 총선 이후로의 회담동결을 부인하며
워싱톤 주재 레바논 대사
미국이 평화협상 가동을 위해 복귀할 것임을 강조하다

베이루트-중동 : 엘리야스 알히라위 레바논 대통령은 레바논은 이스라엘과의 협상 테이블로 복귀해달라는 요구가 오기를 기대하고 있다고 강조하였다.

리야드 탑바라 워싱톤 주재 레바논 대사는 어제 알히라위 대통령과 회동한 후에 미국은 레바논과 시리아 두 노선을 가동시키려고 노력하고 있으며 레바논은 미국이 활동을 재개한 후 다가오는 두달 동안 새로운 정보들을 기다린다고 말했다.

الدرس ١٩-٢

وكان طبارة الّذي التقى الرئيسُ الهراوي في إطار الاتّصالات الّتي يُجْرِيها مع المسؤولين اللبنانيّين لبحث التصعيد العسكريّ في الجنوب نَقَلَ عن الرئيس الهراوي تأكيدَه أن الاتّصالات مع الجانب الأمريكيّ تهدف إلى لجم التصعيد الإسرائيليّ في الجنوب.

❀ 단어 · 숙어연구

في إطار	…의 일환으로, …의 틀에서
أجرى	(Ⅳ)행하다, 실행하다
اتّصالات	접촉, 연락
لَجَمَ (ـُ)، لَجْم	꿰메다, 제어하다, 억제하다

◘ 구문연구

① يجريها 의 주어는 الهرواي 대통령, ها 는 목적어로 الاتّصالات 를 가리킨다.

② تأكيده 는 الهراوي 대통령의 확신으로 أنّ الاتّصالات مع 이후의 구문과 동격이다.

✲ 해석

(레바논)남부에서의 군사상황 고조 문제를 논의하기 위해 레바논 책임자들과 가진 접촉의 일환으로 알히라위 대통령을 만났던 탑바라(대사)는 알히라위 대통령의 말을 인용하여 미국측과의 접촉들은 남부지역에서 이스라엘이 (상황을) 고조시키는 것을 억제시킬 목적이라는 그 (알히라위)의 확신을 전했다.

الدرس ١٩-٣

ورأى أن الولايات المتحدة تسعى إلى تحريك المسارَيْنِ اللبنانيِّ والسوريِّ وليس كما يقال إنها تُفَضِّلُ تجميدَها إلى ما بعد الانتخابات الاسرائيلية الصَيفِ المقبل .

وأكّد أن لبنانَ ينتظر توجيهَ الدعوة إليه ليعودَ إلى طاولة المفاوضات مع إسرائيلَ وأنا سمعتُ من الرئيس الهراوي تكراراً لهذا الكلام ونحن ننتظر مُعْطَيَاتٍ جديدةً خلال الشهرَيْنِ المُقْبِلَيْنِ انطلاقا من عودة التحرُّك الأمريكيِّ بعد انتهاء العطلة الأمريكيّة ابتداءً من الشهر المقبل .

❀ 단어・숙어연구

فضّل ... (على ...)	(Ⅱ)(…보다) …을 더 좋아하다
عطلة	휴가, 방학, 여가
انطلق	(Ⅶ)출발하다, 발사되다, 시작하다
تَكْراراً	자주, 여러번, 되풀이하여

◘ 구문연구

① الصيف المقبل 은 ما بعد الانتخابات 와 동격으로 전치사 إلى 뒤에 왔기 에 속격으로 쓰인다.

② أنا سمعت 나 نحن ننتظر 는 سمعت 나 ننتظر 를 강조하는 표현이다
아랍어에서 1.2인칭의 대명사는 동사에서 나타나기 때문에 쓰지 않는 것이 일반적인 표현이고, 독립 대명사를 써주면 강조를 뜻한다.

✲ 해석

그리고 그는 미국이 레바논과 시리아 양노선을 가동시키려기 위해 애쓰고 있으며, 전해지는 바와같이 미국이 오는 여름에 치뤄질 이스라엘 총선 이후로 그것(회담)을 동결시키는 것을 선호하고 있는 것은 아니라고 보았다.

그는 이스라엘과의 협상 테이블로 복귀하도록 레바논에게 초대장이 보내지기를 레바논은 기대하고 있으며, 본인은 알히라위 대통령으로부터 이 말을 여러 차례 들었으며, 우리는 다음 달부터 시작하여 미국의 휴가가 끝난 후 미국의 활동재개를 기점으로 다가오는 두달간 (나타날) 새로운 정보들을 기다리고 있다고 그는 강조하였다.

제 3 부

الباب الثالث

제3부 1과

انخفاض سعر الدولار في أسواق العملات الأجنبيّة في أوربا

الدرس ١

عانى الدولار الأمريكيّ من تدهور في أسواق العملات الأجنبيّة في أوربا ممّا حدا بعض المصارف المركزيّة الكبرى بالتدخّل . فقد انخفض سعر الدولار مقابل المارك الالمانيّ وأصبح يساوي ماركا واحدا و٨٩ سنتا تقريبا .

단어 · 숙어연구

عانى من...	(Ⅲ)…로 인해 고통을 겪다. …을 겪다
تَدَهْوَرَ ، تَدَهْوُر	폭락하다, 쇠퇴하다, 침체하다, 점점 나빠지다
عملة (ج : عملات)	화폐, 통화
أسواق العملات الأجنبية	외국 통화 시장
ممّا حَدا بـ ...	(앞의 내용이)…을 하도록 부추기다. 부채질하다
المصارف المركزيّة	중앙 은행들
انخفض	(Ⅶ)떨어지다, 낮아지다
سعر (ج : أسعار)	가격, 값
مقابلَ ...	…과 대비하여, …에 비해 …에 대해
ساوَى ...	(Ⅲ)…과 동등해지다. 같아지다

◘ 구문연구

① سنتا ٨٩ 은 تسعة وثمانين 으로 읽는다. سنت 는 앞에 오는 단어가 89 이기 때문에 대격으로 쓰인다.

✲ 해석

유럽외환시장에서 달러가격의 하락

미국 달러화는 유럽외환시장에서의 상황악화로 어려움을 겪고 있으며, 이로 인해 일부 대규모 중앙 은행들이 개입하도록 부추기고 있다. 독일 마르크에 대응한 달러가치는 떨어져 1마르크가 89센트와 같게 되었다.

제3부 2과

فرنسا تتجه بدورها لخفض سعر الفائدة

الدرس ٢

باريس – أ. ف. ب : يبدو أن فرنسا سوف تلجأ خلال الأيام القليلة القادمة إلى خفض سعر الفائدة الذي طبّقته دول غربيّة عديدة على الرغم من التردّد الّذي تبديه بعض البنوك .

❀ 단어 · 숙어연구

اتّجه إلى ... (Ⅷ)…로 향하다

بدوره	차례로, 그의 차례가 되어
سعر الفائدة	이자율, 금리
يبدو أن ...	…처럼 보이다.
لجأ إلى ...	…에 피난처를 구하다, …에 원조를 구하다, …에 호소하다
طبّق ، تطبيق	(Ⅱ)적용하다
تردُّد	주저, 망설임
أبدى	(Ⅳ)…을 나타내다, 보이다

구문연구

① تبديه بعض البنوك 에서 تبدي 가 여성형으로 쓰인 것은 البنوك 가 여성형이기 때문이다.

✲ 해석

프랑스, 금리인하 할 차례가 되다

파리 - AFP : 아마도 프랑스는 일부 은행들이 표방하고 있는 망설임에도 불구하고 다수의 서방국가들이 적용하였던 금리 인하를 수일 이내에 행하게 될 것 같다.

제3부 3과

الطلب العالميّ على البترول في تقرير لبنك أمريكيّ

الدرس ٣

نيويورك – أ. ف. ب : جاء في تقرير لبنك "مارين ميد لاند بنك" البنك الرابعَ عشرَ في الولايات المتحّدة أن الطلب العالميّ على البترول لن يزدادَ إلاَّ قليلا خلال السنوات القادمة ... وذلك نظرا لضعف الازدهار الاقتصاديّ المرتقب والإجراءات المحافظة على الطاقة وتوفيرها ألّتي تّم اتّخاذها بالفعل .

단어 · 숙어연구

جاء في ... أن ~	…에 ~이라고 언급되어 있다. …에 ~이라는 내용이 들어있다
تقرير (ج : تقارير)	보고서
طلب (ج : طلبات)	수요, 요구, 요청, 청구
الطلب العالمي على البترول	세계 석유 수요
ازداد ، ازدياد	(Ⅷ)증가하다, 늘어나다, 불어나다
لن يزداد إلا قليلا	조금밖에 증가하지 않다
قادم	다가오는, 다음의
نظرا لـ ...	…의 관점때문에, …을 고려해서, …에 따라서, …을 견지해서
ضَعْف	약화, 약함
ضعف الازدهار الاقتصاديّ المرتقب	예상되는 경제불황, 예상되는 경제번영의 약화
مرتقَب	예상되는, 예기되는, 예견되는

اتّخذ الإجراءات	조치를 취하다.
محافظة على الطاقة	에너지 보존
توفير الطاقة	에너지 절약
بالفعل	실제로, 실로, 참으로

◘ 구문연구

① 동사 جاء 의 주어는 أن 과 그 뒤에 오는 문장 전체이다

② البنكِ الرابعَ عَشَرَ 는 ... تقرير لبنك 에서 بنك 와 동격으로 속격이지만 13 ~ 19 까지의 숫자는 격변화 하지 않는 결합어이기 때문에 항상 대격형태를 유지한다

✲ 해석

한 미국 은행 보고서에 나타난 세계 석유 수요

뉴욕 : 미국 내 제14위 은행인 마린 미들랜드(Marine Midland) 은행 보고서에는 석유에 대한 세계 수요가 향후 몇년간 조금 밖에 증가하지 않을 것이라는 내용이 들어 있다. 이는 예상되는 경제 불황과 실제적으로 그 시행이 이루어진 에너지 절약과 보존 조치들 때문이다.

제3부 4과

الإمارات العربيّة مستعدّة لخفض إنتاجها من النفط الخام

الدرس ٤

فيينا - أ. ف. ب : أعلن وزير النفط في الامارات العربيّة المتّحدة مانع سعيد العتيبة لدى وصوله أمس إلى فيينا أن بلاده مستعدّة لخفض إنتاجها من النفط الخام إذا ما خفضت البلدان الأخرى في منظّمة أوبيك إنتاجها أيضًا .

وردًا على سؤال للصحفيّين حول ما إذا كانت بلاده على استعداد لمثل هذا الخفض قال العتيبة : نعم إذا فعل الجميع الشيءَ نفسَه . وسيشارك العتيبة في الاجتماع العادي للبلدان الثلاثة عشر الأعضاء في منظّمة البلدان المصدِّرة للنفط الّذي سيبدأ أعماله الاثنينَ في فيينا .

❀ 단어 · 숙어연구

خام	생것의, 원료 그대로의, 천연 그대로
نفط خام	원유
منظّمة أوبيك	OPEC
= (منظمة الدول المصدِّرة للبترول)	(석유 수출국 기구)
سؤال (ج : أسئلة)	질문, 질의, 문의
صحفيّ	신문의, 언론의, 신문기자
ما إذا كان على استعداد لـ ...	…할 준비가 되어 있는지
	(문) 완료동사 + ما اذا …인지 아닌지, …인지 여부
الدول الأعضاء	회원국들

◘ 구문연구

① ...ردًا على 는 상태문 (الحال)표현으로 "대답하면서 … " 의 뜻이다.

② الشيءَ نفسَه ...فعل 에서 الشيءَ 는 목적어이고 نَفْسَهُ 는 الشيء 와 동이다.

✲ 해석

아랍 에미레이트, 원유생산 감축용의 있다

비엔나 - AFP : 아랍 에미레이트 연합의 석유상 마니우 사이드 알아티바씨는 어제 비엔나에 도착하면서 만일 OPEC내 다른 국가들 역시 그들의 생산을 감축한다면 그의 국가는 원유 생산을 감축할 준비가 되어 있다고 발표했다.

그의 국가가 이와 같이 감축할 용의가 있는지 여부에 대한 기자들의 질문에 대답하여 알아티바씨는 말하기를 : "만일 모두가 똑같이 행동한다면 그렇게 하지요." 알아티바씨는 월요일 비엔나에서 업무를 개시할 석유수출국기구 13개 회원국의 정례회의에 참석할 예정이다.

제3부 5과

"أوابك" تدرس تنفيذَ مشاريعَ صناعيةٍ جديدةٍ

الدرس ٥

الدوحة : صرّح عبد العزيز الوتارى الأمين العامّ المساعد لمنظّمة الأقطار العربيّة المصدِّرة للبترول بأن المنظّمة تقوم حاليا بدراسات لعدد من المشروعات الصناعيّة بالتعاون مع منظّمة الخليج للاستشارات الصناعيّة وذلك في إطار

التعاون المشترك بين المنظّمتين . ومن أهمّ المشاريع إنشاء مصفاة بتروكيمائيّة تقوم بتحويل النفط الخام الى منتجات كيمائية مباشرة دون أن تنتج منتجات تكرير عادية كالبنزين وغيرِه كما هو الحال في مصافي البترول .

❀ 단어 · 숙어연구

أوابك (منظّمة الأقطار العربية المصدّرة للبترول)	OAPEC =(아랍지역 석유 수출국 기구)
تنفيذ	이행, 실행, 집행
مشروع (ج : مشروعات ، مشاريع)	계획
صناعيّ	산업의, 공업의
الأمين العامّ المساعد	사무차장, 부총재
الأمين العامّ	〈참〉 사무차장
عدد من المشروعات الصناعيّة	일련의 산업계획들
منظمة الخليج للاستشارات الصناعية	걸프만 산업협의 기구
في إطار التعاون المشترك	공동 협력의 테두리 내에서
مصفاة (ج : مصافٍ)	정유소, 정제소
بتروكيمائيّ	석유화학의
منتَج (ج : منتجات)	제품, 생산물
تكرير	정화, 정제
بنزين	벤젠

◘ 구문연구

① تدرس تنفيذَ مشاريعَ صناعيةٍ 에서 مشاريع 는 2격명사형태(مفاعيل, مَفَاعِلُ) 중 하나이기 때문에 속격표시를 탄윈없는 ـَ 로 했지만 그 단

어에 대한 수식어는 정상적으로 ـٍ 을 쓴다.

② غيره 에서 대명사 هاء 는 البنزين 을 가리킨다. 즉 غيره 는 غير البنزين 을 뜻한다.

③ مصفاة 의 복수형은 مصافٍ 으로 원형에 쓰인 ياء 가 줄어든 상태이나 연결형이나 정관사로 한정되면 ياء 가 제 위치에 쓰인다.

(예) المصافي ، في مصافي البترول

✲ 해석

OAPEC, 새로운 산업계획의 실행을 검토

도하 : 압둘 아지즈 알와타리 (아랍지역 석유 수출국 기구)(OAPEC) 사무차장은 현재 이 기구가 '걸프만 연안 산업 자문기구'와 협력하여 다수의 산업계획들을 검토하고 있으며 그것은 두 기구 사이의 공동 협력의 테두리 안에서 이루어지고 있다고 밝혔다. 그 계획들 중에서 가장 중요한 것은 정유공장에서의 경우처럼 벤젠이나 기타 일반 정유제품을 생산하지 않고 직접 원유를 화학 제품으로 전환시키는 석유화학 정제소의 건설이다.

제3부 6과

الصيد العالميّ وتنمية الموارد البحريّة

الدرس ٦

روما – أ. ف. ب : عُلِمَ من مصدر مُطّلِع في روما أن مؤتمرا عالميّا عن الصيد سيُعقد في عام ٢٠٠٠ في مقرّ منظّمة الاغذية والزراعة "فاو" التابعة لمنظمة الامم المتّحدة .

단어 · 숙어연구

مطّلِع (على ...)	박식한, 정통한, 조예깊은
صيد	사냥, 고기잡이, 어업
منظمة الاغذية والزراعة	식량 농업 기구 (FAO)

구문연구

① ... التابعة لـ ... 는 منظمة الأغذية... 의 수식어이다.

해석

세계어업과 해양자원의 개발

로마 - AFP : 로마의 한 정통한 소식통으로부터 어업에 관한 한 세계회의가 유엔산하 식량농업기구(FAO) 본부에서 2000년에 개최될 것이라고 알려졌다.

제3부 7과

دول العالم تُوقّع اليومَ على قانون البِحَار باستثناء بريطانيا وأمريكا وألمانيا

الدرس ٧

مونتيغوباي - أ. ف، ب : أعلن برناردو زوليتا ممثل السكرتير العامّ للامم المتّحدة في مؤتمر قانون البحار أنّ ١١٠ دولة ستوقّع اليوم على اتّفاقيّة الأمم المتّحدة لقانون البِحار في مونتيغوباي (خليج مونتيغو) ويتجاوز هذا الرقمُ كلَّ تكهّنات المراقبين .

단어 · 숙어연구

بَحْرٌ (ج : بِحَارٌ، بُحُورٌ، أَبْحُرٌ)	바다, 해양
باستثناء ...	…를 제외하고
ممثّل السكرتير العامّ للأمم المتّحدة	UN 사무총장 대리
تكهّن (ج : تكهنات)	예측, 예보, 예언
مراقِب (ج : مراقبون)	업저버, 관측자

구문연구

① هذا الرقمُ 에서 الرقم 은 هذا 의 동격이다.

해석

영국, 미국, 독일을 제외한 세계의 국가들,

오늘 해양법에 서명하다

몬테고베이 - AFP : 해양법 회의에서 '페르나르도 졸렉터' 유엔 사무총장 대리는 오늘 110개국이 '몬테고'만(Montego Bay)에서 해양법에 대한 UN 협정에 조인할 것이며 이 참가국수는 모든 관측자들의 예상을 넘어선 것이라고 발표하였다.

제3부 8과

وفود تجاريّة من موريشيوس وإسبانيا وتايلاند تزور دبي

الدرس ٨

دبي : وصل إلى دبي أمس وفدان تجاريّان الأوّلُ من جزر موريشيوس الإفريقيّة والثاني من إسبانيا ويضمّ ممثّلين عن شركات لبيع الأثاث والنحاس والدقيق والسكر والأخشاب والثلاجات والمنسوجات والملابس الجاهزة .

단어 · 숙어연구

وفد تجاريّ	무역 대표단
جزر موريشيوس	모리셔스 군도
ضمّ (ـُ)	포함하다. 구성하다.
أثاث	가구
نحاس	구리, 동
دقيق	밀가루

سُكّر	설탕
خشب (ج : أخشاب)	나무, 목재
ثلاجة (ج : ثلاجات)	냉장고
منسوج (ج : منسوجات)	직물, 옷감
ملابس جاهزة	기성복

◘ 구문연구

① ...وفدان تجاريان الأول 에서 الأول은 그 대표단 중 "첫째 대표단"은 이라는 뜻이다. 즉, الوفد الأول 이라는 뜻으로 앞의 وفدان 을 풀어 설명하는 것이다.

② خشب 복수형으로 쓰인것은 '양'이 많은 것을 표현하는 것이 아니라 '종류'를 표현하는 복수형이다.

✲ 해석

모리셔스, 스페인, 타이랜드 무역 대표단 : 두바이 방문하다

두바이 - 어제 두 무역 대표단이 두바이에 도착하였다. 그 첫번째 대표단은 아프리카의 모리셔스 군도로 부터 오고 두번째 대표단은 스페인으로부터 온 대표단으로서 가구, 구리, 밀가루, 설탕, 목재, 냉장고, 직물, 기성복 판매 회사들의 대표자들로 구성되어 있다.

تعديل جزئيّ للاتّفاق التجاريّ المعقود بين لبنان وروسيا

الدرس ٩

بيروت . وكالة الأنباء العربيّة : أعلن اليوم أن مجلس الوزراء اللبنانيّ وافق في الاجتماع الّذي عقده هذا الصباحَ على النصّ الجديد للاتّفاقيّة التجاريّة التي عقدت بين لبنان وروسيا في الثلاثين من شهر أيلول .

وكانت الحكومة اللبنانيّة قد أجرت في الشهور القليلة الماضية اتّصالاتٍ بهذا الشأن مع الحكومة الروسية .وطلبت إجراء تعديل جزئيّ في تلك الاتّفاقيّة القديمة الّتي استمرّ تنفيذُها حوالي سبعَ سنوات . وقد وافقت الحكومة االروسية على هذا الاقتراح وأرسلت منذ أسبوع اثنين من كبار الموظّفين في الدائرة التجاريّة بوزارة الخارجيّة االروسية لإجراء محادثات بهذا الشأن مع المسؤولين اللبنانيّين . وأمسِ تمّ الاتّفاق بينهم على تعديل الاتّفاقيّة بالصور الّتي يريدها لبنان .

단어 · 숙어연구

تعديل	변화, 수정, 개선
جزئيّ	부분의, 일부의
مَعْقود	체결된, 계약된
نصّ (ج : نُصوص)	본문, 원문, 원장
اتّصال (ج : اتّصالات)	접촉, 연락
حوالي	대략의, 대강의
دائرة (ج : دوائر)	원, (관청의)국, 과
صورة (ج : صُوَر)	모습, 모양, 상, 형태

◘ 구문연구

① هذا الصباحَ 는 ' 오늘 아침' 이란 뜻으로 부사어다.

② قد أجرت في ... اتّصالاتٍ 에서 اتّصالات 는 أجريت의 목적어로 대격인데 여성형 규칙 복수형이기 때문에 اتّصالاتٍ 으로 쓰인다.

✲ 해석

레바논과 러시아간에 체결된 무역협정의 부분적 수정

레바논 국무회의가 오늘 아침에 열었던 회의에서 9월 30일 레바논과 러시아간에 체결되었던 무역협정의 새로운 본문에 동의했다고 오늘 발표되었다.

레바논 정부는 지난 몇 개월 동안 이 문제에 관해 러시아정부와 접촉해온바 있으며, 약7년간 계속 시행되어온 그 묵은 협정에 대한 부분적 수정의 실시를 요구했었다. 러시아정부는 이 제의에 동의하여,레바논 책임자들과 함께 이 문제에 관한 회담의 실시를 위해 일주일 전 소련 외무성 무역국의 고위 직원 두명을 파견했었다. 그리고 어제 그들 사이에서는 레바논이 원하는 그림대로의 협정서 수정에 대한 합의가 이루어졌다.

제3부 10과

خطّة للتنمية الصناعيّة يقرّها اتحاد الغرف في الإمارات

الدرس ١٠

أبوظبي : قـرّر اتّحاد غـرف التجـارة والصناعـة في دولـة الإمـارات العربيّـة المتّحدة تَبَنِّيَ خطّة لتنمية الصناعة بالدولة على المدى البعيد في ضوء التكامل مع دول مجلس التعاون الخليجيّ واستجابة لمتطلّبات التنمية وتدعيم الصناعة الوطنيّة .

단어 · 숙어연구

أقرّ	세우다, 수립하다; 결정하다
تبنٍّ	채택, 채용, 입양
على المدى البعيد	장기의, 장기간에 걸쳐
في ضوء ...	…에 비추어서
تكامُل	통합, 통일, 완성
مجلس التعاون الخليجيّ	걸프만 연안 협력위원회
استجابة لـ ...	…에 부응하여
متطلّبات	필요들, 요구들
تدعيم الصناعة الوطنيّة	국내 산업의 강화

구문연구

① تَبَنِّيَ خطةٍ 는 قرّر 의 목적어

③ استجابةً لـ ... 는 قرّر 에 대한 상태문(الحال)이다

✻ 해석

아랍 에미레이트 상공회의소 연합이 확정한 산업개발계획

아부다비 : 아랍 에미레이트 상공회의소 연합회는 걸프만 협력 위원회(GCC) 국가들과의 통합에 비추어서, 그리고 국내 산업 강화와 개발 요구들에 부응하여 장기 국가 산업 개발 계획을 채택하기로 결정했다.

제3부 11과

وزير الكهرباء السعودي يجتمع برئيس الوزراء المصري

الدرس 11

القاهرة - ق. ن. أ : اجتمع الدكتور عاطف عبيد رئيس الوزراء المصري أمس مع عبد العزيز الزامل وزير الصناعة والكهرباء السعوديّ والوفد المرافق له الّذي يزور القاهرة حاليا.

وصرح الزامل عقب المقابلة بأنّه بحث مع رئيس الوزراء المصريّ سبل دعم أوجه التعاون بين البلدين في مجالات الكهرباء والصناعة إلى جانب بحث إقامة مشروعات صناعية مشتركة وتبادل إقامة المعارض الصناعيّة بين مصر والسعوديّة ، وكذلك العمل على زيادة حجم الصادرات بينهما .

وكان السيد عبد العزيز الزامل قد وصل الى القاهرة أمس في زيارة لمصر تستغرق أربعة أيام ويجري خلالها مباحثات مع المهندس ماهر أباظة وزير الكهرباء والطاقة المصريّ تتناول وسائل تدعيم العلاقات بين مصر والسعوديّة في مجالات الطاقة .

❁ 단어 · 숙어연구

كهرباء	전기, 전력
وفد مرافِق له	그의 수행 대표단
حاليًا	현재, 지금
صرح (ـَ) ، صراحة	솔직히 말하다, 밝히다
عَقِبَ ...	…직후에, …후 곧바로
سبيل (ج : سُبُل)	길, 방법
وَجْه (ج : أوْجُهٌ ، وُجوه)	얼굴, 면, 양상, 국면, 모습
تعاون	(상호)협력, 협동
مجال (ج : مجالات)	분야, 영역
إلى جانب ...	…이외에도, …뿐만 아니라
مشروع (ج : مشروعات ، مشاريع)	계획안, 기획, 설계
تبادل	(상호)교류, 교환
معرض (ج : معارض)	전시(회), 전람(회)
عمل على ، عَمَل	…에 대한 노력, 애씀
زيادة	증가, 증대
حجم (ج : أحجام ، حجوم)	규모, 크기
صادرات	수출품 〈반〉 واردات 수입품
أجرى ، إجراء	(Ⅳ)진행하다, 치루다, 실행하다, 거행하다
طاقة	에너지, 힘
تناول	(Ⅵ)…을 다루다, 취급하다, 먹다

◘ 구문연구

① الوفد المرافق له 는 الوفد الذي يرافق له 에서온 말로 연계형 대명사 " هـ" 는 الذي 를 받는 말이다. 또 الذي는 الوفد 를 받는 말이다.

② تستغرق أربعة 의 문장은 زيارة를 수식하는 문장이다.

✻ 해석

사우디 전기성 장관, 이집트 수상을 만나다

어제 이집트 수상 아티프 오바이드 박사는 현재 카이로를 방문중인 압둘아지즈 앗자밀 사우디 산업 전기성 장관과 그의 수행 대표단을 만났다.

앗자밀은 접견 직후에 이집트 수상과 전기와 산업분야들에서 양국간 상호 협력측면의 강화 방안들을 토의했으며 이외에도 공동 산업 계획들 수립과 이집트 사우디간 산업 전시장 설치 교환 및 양국간 수출 규모의 증대를 위한 노력등을 토의했다고 밝혔다.

압둘 아지즈 앗자밀씨는 4일간 소요될 이집트 방문을 위해 어제 카이로에 도착한 바 있으며, 그 동안 알무한디스(공업전문가, 엔지니어) '마헤르 이바다' 이집트 전기 및 에너지 장관과 에너지 분야들에서의 이집트 사우디간 관계강화 방안들을 다루게 될 회담들을 가질 예정이다.

제3부 12과

معزِّزةً تمثيلَها الدبلوماسيَّ : إيران تدعو سيول للمساهمة بمشاريع إعمار تتكلّف ٢٠٠ مليار دولار

الدرس ١٢

أعلن "خَرّازي" وزير الخارجيّة الإيرانيّة أن بلادَه ستُنفِقُ حوالَيْ ٢٠٠ مليار دولار خلال الأعوام العشرة المقبِلة. وأبلغ "خرّازي" مؤتمرا صحفيا عقده في سيول أمس، أن هناك فرصاً هائلةً للشركات الكوريّة الجنوبيّة، للمساهمة بمشاريعِ إعادةِ إعمارِ إيران .

وأَوضح "خَرّازي" الّذي تمّ خلال زيارته رفع درجة التمثيل الدبلوماسيّ بين البلدين إلى مستوى السفراء أن مشاريعَ إعادةِ الإعمار الإيرانيّة، تشمل إصلاح

شبكة صناعات الغاز والبتروكيماويات والنقل . ويُذْكَرُ أن شركاتِ المقاولات الكوريّة الجنوبيّة، أبقت مكاتبها في إيران طوال سنوات الحرب .

وأكّد "خرّازي" من ناحية أخرى، دعوتَه لوزير خارجيّة كوريا الجنوبيّة لزيارة طهران، أسوةً بدعوته لنظيره الكوريّ الشماليّ سابقاً، كما أكّدَ تلقّيه طلبا كوريا شماليّا لمساعدات فنيّة للتنقيب عن النفط في الشطر الشماليّ لشبه الجزيرة الكوريّة .

🙞 단어・숙어연구

معزّز	강화하는, 보강하는
مساهمة في ...	…에의 참여, 기여, 공헌
إعمار	거주, 건설
تكلّف	(Ⅴ)(비용이) 들다, 소요되다
وزير (ج : وزراء)	장관
وكيل (ج : وكلاءُ)	대리인, 대변인; 부책임자
وكيل وزارة الخارجيّة	외무차관
أنفق	(Ⅳ)소비하다, 써버리다
هائل	엄청난, 놀라운, 거대한
مشاريع إعادة إعمار إيران	이란 재건 계획
درجة (ج : درجات)	등급, 정도
تمثيل	대표(권)
إصلاح	수선, 수리, 개선, 개혁
شبكة (ج : شبكات)	그물, 망
البتروكيماويات	석유화학
مقاول	시공자
شركة المقاولات	시공사, (보통)건설회사
أبقى	(Ⅳ)남겨두다, 존속시키다
أسْوةً بـ ...	…과 같이, …의 예를 따라
نظير (ج: نُظَرَاءُ)	같은, 동등한, 상대자
في نظيره ...	…에 대신에, …에 대한 상으로
تنقيب (عن ...)	(…에 대한)시추, 탐사

구문연구

① أنّ هناك فرصاً هائلةً... 에서 فرصاً이 대격으로 쓰인것은 أنّ 뒤에 오는 명사문의 주어이기 때문이다.

② كما تلقّيه طلباً كوريّاً ... 에서 تلقّي 는 5형 동명사로 앞에 온 동사 أكّد 의 목적어이다. 뒤에오는 طلباً 은 (동사의 힘을 가지고 있는) 동명사 تلقّي의 목적어이며, كوريّاً 은 كوريا 의 관계 형용사 كوريّ 의 대격형태이다.

해석

자국의 외교대표부를 강화하며 : 이란, 2천억 달러가 소요되는 건설계획에 한국의 참여를 촉구

"카라지" 이란 외무장관은 그의 국가가 향후 10년동안 약 2천억 달러를 지출할 것이라고 발표하였다. 만수리 차관은 어제 서울에서 가진한 기자회견에서 한국의 기업체들에게 이란의 재건계획에 참여할 대단한 기회가 거기에 있다고 발표하였다.

그의 방한 중에 양국간의 외교대표(부)의 등급을 대사급수준으로 격상시켜 놓은 카라지 장관은 이란의 재건계획이 가스, 석유화학, 운송산업망의 개선을 포함하고 있다고 밝혔다. 한국의 건설업체들은 전쟁기간 내내 이란에 사무소들을 존속시켰었다고 한다.

다른한편, 카라지 장관은 그가 이전에 그의 상대역 북한외교부장을 초청했던 것과 똑같이 테헤란 방문을 위한 남한 외무장관에 대한 그의 초청을 확언하였다. 또한 그는 한반도 북부의 석유시추를 위해 북한으로부터 기술적인 원조 요청을 그가 받았음을 확인하였다.

제3부 13과

السودان يبحث توقيع اتّفاقيّة مع صندوق النقد لدعم اقتصاده

الدرس ١٣

الخرطوم : صرّح السيد إبراهيم مُنْعِم منصور وزير المالية والتخطيط الاقتصاديّ أنّه يُجري حاليا بَحْثَ توقيع اتّفاق مع صندوق النقد الدوليّ يقدّم الصندوق بموجبه دعما مباشرا للسودان خلال العام القادم لحلّ المشاكل الّتي واجهت أداء الاقتصاد في الفترة الماضية .

단어 · 숙어연구

وزير الماليّة والتخطيط الاقتصاديّ	재무 및 경제기획 장관
صندوق النقد الدوليّ	국제 통화 기금
بمُوجِب ...	…에 따라, …에 의거해
دعم مباشر	직접적인 원조
أداء (ج : أداءات)	이행, 실행, 수행

구문연구

① ... يقدم الصندوق 문장은 اتفاق 를 수식하는 절이다.

해석

수단, 자국의 경제 강화를 위해

국제통화기금(IMF)과 한 협정의 체결을 검토중

카르툼 : 재정, 경제기획장관 '이브라힘 문임 만수르'는 그가 국제통화기금과 한 협정체결 논의를 현재 진행중이고, 이 협정에 따라서 국제통화기금은 수단에게 지난 기간 경제 수행 중 직면했던 문제들을 해결하기 위한 직접적인 원조를 내년내에 제공할 것이라고 밝혔다.

제3부 14과

وزير التجارة والصناعة والطّاقة في كوريا يزور مصر ١٨ نوفمبر

الدرس ١٤

كتب - رأفت سليمان :

يقوم السيد بارك تاي - يونج وزير التجارة والصناعة والطاقة بكوريا الجنوبيّة بزيارة رسميّة لمصر تستغرق ثلاثة أيام وتبدأ في ١٨ نوفمبرالجاري.

ومن المقرّر أن تعقد دورة الاجتماع الخامس للتعاون الاقتصاديّ الكوريّ - المصريّ الّذي يحضره عدد من الوزراء المصريّين إلى جانب قيادات الصناعة والاستثمار المصريّ.

وصرّح مصدر مسئول بسفارة كوريا الجنوبيّة بالقاهرة بأنّ الوزير الكوريّ يصطحب معه وفدا رسميّا من ٤٠ شخصيّة تمثّل وزارات الصناعة والتجارة والطاقة في كوريا، ومركز الغرفة التجاريّة الكوريّة إلى جانب خمسة من كبار رجال الصحافة في كوريا.

وأضاف المصدر أنّ الوزير الكوريّ سوف يُجري مباحثاتٍ مهمةً مع الدكتورِ أحمدَ جويلى وزيرِ التجارة والمهندسِ ماهر أباظة وزير الكهرباء والطاقة والمهندسِ سليمان رضا وزير الصناعة.

تعدّ هذه الزيارة لمصر هى الأولى من نوعها لوفدٍ عالٍي المستوَى منذ تنصيب الرئيس الكوري الجديد في فبراير الماضي.

단어 · 숙어연구

مِنَ المُقَرَّر أن ...	…할 예정이다.
قِيَادَةٌ (ج : قِيَادَات)	지휘, 지도(부)
مَثَّلَ ، تَمْثِيل	(Ⅱ)그리다, 묘사하다, 대표하다
غُرْفَةُ التجارة	상업회의소
غرفة التجارة والصناعة	상공회의소
نَوْع (ج : أنواع)	모양, 종류, 형태
وَفْدٌ (ج : وُفُودٌ)	대표단
نَصَّبَ، تَنْصِيبٌ	(Ⅱ)임명하다
فبراير	2월
نوفمبر	11월

구문연구

① مع الدكتورِ أحمدَ جويلي وزيرِ التجارة 에서 الدكتور 의 동격이 أحمد 와 وزير التجارة 인데 أحمد 는 2격명사라서 속격에 أحمدَ 로 جويلي 쓰였다.

② لوفدٍ عاليِ المستوَى 에서 عالي المستوى 는 وفد 를 수식하는 연결구이다. 이런 형태의 수식법은 형용사가 피수식어를 직접 수식하는 것이 아니라, 형용사 뒤에 오는 단어를 서술한 형용사구가 한개의 수식어를 이룬다. (예) هذا طالبٌ جميلُ الوجهِ 또는 هذا طالب جميلٌ وجهُهُ 이 사람은 얼굴이 잘 생긴 학생이다.

해석

한국 산업자원부 장관, 11월 18일 이집트 방문

박태영 한국 산업 자원부 장관이 이달 11월 18일에 시작하여 3일이 소요되는 이집트 공식방문을 실시한다. 그리고 몇몇 이집트 장관과 이집트 산업, 투자 지도자들이 참석하는 제5차 한국-이집트 경제 협력 회의가 개최될 예정이다.

카이로 주재 한국 대사관의 한 관계 소식통은 한국 장관이 한국 산업

자원부와 한국 상공회의소를 대표하는 40명의 공식 대표단과 5명의 한국 언론계 인사들과 동행할 것이라고 밝혔다.

그 소식통은 박 장관이 아흐마드 고일리 무역장관과 엔지니어 마히르 아바다 전기 · 에너지 장관, 엔지니어 술레이만 라다 산업성 장관과 중요한 회담을 가질 것이라고 덧붙였다.

이번 이집트 방문은 지난 2월 한국의 새 대통령 취임이래 고위 대표단의 첫번째 방문으로 간주된다.

제3부 15과

مشكلة انضمام إسبانيا إلى السوق الأوربيّة المشتركة

الدرس ١٥

إن من أخطر المشاكل الّتي قد تواجه السوق الأوربيّة المشتركة في المستقبل القريب مشكلةَ الطلب الإسبانيّ المنتظر للانضمام إليها ، فمن المعروف أن بعض الدول الأعضاء ستحثّ على قبول إسبانيا كعضو جديد بأسرع ما يمكن ، مدّعيةً أن هذه خيرُ وسيلةٍ لتقوية الديمقراطيّة فيها ، بينما يبدى البعض الآخر قلقا شديدا لإمكان انضمام إسبانيا إلى

السوق، لأنها قد تشكّل خطرا اقتصاديّا، وخاصةً في حقل الصادرات الزراعيّة .

단어 · 숙어연구

أخطر المشاكل　가장 심각한 문제

واجه ، مواجهة　직면하다, 부딪치다

قد تُوَاجِه　(Ⅲ)직면하게 될것 같은

〈문〉 미완료형 직설법 + قد 는 추측, 가능성을 나타낸다.

	아마도 …일런지 모른다
السوق الأوربية المشتركة	유럽공동시장
منتظَر	예상되는, 예견되는
انضمام إلى ...	…로의 가입, 입단
حثّ على ...	…을 촉구하다, …을 권고하다, 종용하다
بأسرع ما يمكن	가능한 한 빠른 시일내에
بينما	반면에, …에 반하여
مُدَّعِياً أن ...	…라고 주장하면서, …라는 이유를 들어
خير وسيلة	최상의 수단
أبدى	(Ⅳ)표명하다, 나타내다
حقل (ج : حقول)	들판, 벌판; 분야, 영역

◘ 구문연구

① قد تُواجه 나 قد تُشكّل 에서 처럼 قد 가 미완료형 동사에 들어가 쓰일 때는 그 동사의 실현 가능성을 줄여 말하는 것이다. 즉 قد تواجه 는 "직면할 수 있다." 또는 " 직면할 지 모른다." 로, " قد تشكّل " 는 " 조성할 수 있다" 나 "조성할 지 모른다" 의 뜻이다.

② الدول الأعضاء 에서 الأعضاء 는 الدول 의 수식어다. 명사형이면서 수식어로 쓰이는 경우는 اللغة الأم '모국어'등에서도 볼수 있다

③ ... مدّعية أن هذا 에서 مدّعيةً 은 الدول الأعضاء 의 상태를 나타내는 상태문 (الحال)이다.

✽ 해석

스페인의 유럽공동시장 가입문제

가까운 장래에 유럽공동시장이 직면하게 될지도 모를 심각한 문제들 중에는 이곳에의 가입을 위해 예상되는 스페인의 요구 문제가 있다. 일부 회원국들은 스페인의 가입이 스페인내 민주주의 강화를 위한 최상의 수단이라는 점을 들어, 가능한한 빠른 시일내에 신회원국으로서 스페인을 받아들일 것을 촉구할 것으로 알려졌다. 반면 일부 다른 회원국들은 스페인이 경제적 위험, 특히 농산품 수출분야에서 경제적 위험을 조성할지도 모르기 때문에 스페인의 가입 가능성에 대해 심각한 우려를 나타내고 있다.

제3부 16과

زعماء المجلس الأوروبيّ بحثوا علاقات الشرق والغرب

الدرس ١٦

كوبنهاجن - : أعرب المجلس الأوروبيّ عن "عزمه" على مواصلة الحوار البنّاء بين السوق الأوروبيّة المشتركة والولايات المتّحدة من أجل إقامة علاقاتٍ أمتنَ وأوثقَ .

جاء ذلك في بيان عن العلاقات مع الدول الأخرى صدر في كوبنهاجن عَقِبَ انتهاء أعمال الدول العشر .

وطلب المجلس من وزراء خارجيّة دول السوق الأوروبيّة ان يتّخذوا قراراتٍ في مختلف الإجراءات والوسائل الكفيلة بتحسين العلاقات التجاريّة بين اليابان والمجموعة الأوروبيّة خلال الاجتماع القادم الّذي سيُعقد في شهر ديسمبر الحالي.

وأكّد البيان أنّ المجموعة الأوروبيّة تمكنّت من المحافظة على وحدتها في مواجهة المشكلات الصعبة خلال الأشهر الأخيرة الماضية .

단어 · 숙어연구

أعرب عن ...	(Ⅳ)…을 표명하다, 피력하다
المجلس الإوروبيّ	유럽회의
عزم	결의, 결심
مواصلة	계속, 지속
حوار	대화
بَنّاء	건설적인, 유익한
السوق الأوروبيّة المشتركة	유럽공동시장
أمتَنُ	(비교급)보다 탄탄한, 보다 확고한
أوثقُ	(비교급)보다 신뢰하는
كفيل بـ ... ، (ج : كفلاء)	…을 보장하는, 보증하는, 책임지는
المجموعة الأوروبيّة	유럽공동체(EU)
محافظة على الوحدة	단결의 유지
مواجهة	대항, 맞섬

구문연구

① إقامة علاقاتٍ أمتينَ وأوثقَ 에서 أمتَنَ 과 أوثقَ 는 비교급 형태이기 때문에 속격이 ـَ 로 쓰이는 2격 변화를 한다. 또 إقامة 는 4형동사 أقام의 동명사형으로 أقام 가 동명사형인 إفْعَالُ 형이 되기 위해 إقام

으로 되는 과정에서 السكون 이 2개 겹치기 때문에 1개가 뒤로 빠져서 ة 로 대치 되었다.

② ديسمبر الحالي 에서 ديسمبر 는 한정어이기 때문에 위의 수식어가 한정형이다.

③ أشهُر 는 شهر 의 복수인데 شهور 는 (많은) 달을 표현하는 큰수의 복수형이고, أشهر는 3~10 등의 적은수의 복수형이다.

✲ 해석

유럽회의(European Council) 지도자들, 동서 관계를 논의하다

코펜하겐(Copenhagen): 유럽회의는 유럽 공동 시장(EEC)과 미국간의 더욱더 공고하고 신뢰하는 관계 수립을 위하여 건설적인 대화를 지속할 결의를 표명했다. 그 결의는 10개국의 업무종료 직후에 코펜하겐에서 발표된 여타 국가들과의 관계에 관한 한 성명서에 들어 있었다. 유럽회의는 EEC외상들에게 이번달 12월에 개최될 차기회의 동안에 일본과 유럽공동체(European Community)간의 무역 관계 개선을 보장하는 수단과 다양한 조치들에 대한 결정들을 채택하여 줄 것을 요구하였다. 그리고 그 성명서는 유럽 공동체가 지난 최근 몇개월 동안 어려운 문제들에 직면해서도 단합을 유지할 수 있었음을 강조하였다.

제3부 17과

طائرات هليكوبتر روسيّة لكوريا سداداً لديون موسكو لسيؤول

الدرس ١٧

موسكو - أ.ف.ب.: كشف مسئول روسي كبير أمس عن أنّ بلاده تسدّد ديونها لكوريا الجنوبية في صورة طائرات هليكوبتر بسبب الأزمة الماليّة الّتي تمرّ بها، وتبلغ قيمة الطائرة الواحدة منها ٤,٥ مليون دولار. وأوضح بوريس سوكولوف المسئولُ في شركة كاموف الروسيّة لصناعة الطائرات أنّ كوريا الجنوبيّة تسلّمت ما يتراوح بين ٢٣ و ٢٥ طائرة هليكوبتر من طراز (كا - ٣٢) من إنتاج شركته، وأضاف أنّ العدد قد يرتفع إلى ٣٠ طائرة في وقت لاحق.

단어 · 숙어연구

سَدَّدَ ألى ...	(Ⅱ)…을 겨누다; (빚)을 갚다
سَدَاد	정확성, 지불 납부
تَسَلَّمَ ، تَسَلُّمٌ	(Ⅴ)받다
تَرَاوَحَ	(Ⅵ)오가다
طِرَاز (ج : طُرُز)	형식, 형태
اِرْتَفَعَ	(Ⅷ)오르다, 증가하다
دَيْنٌ (ج : دُيُون)	빚, 부채
مَسْؤول، مسئول	책임지는, 책임자
سَبَب (ج : أَسْبَاب)	원인, 이유, 방법수단
الأَزْمَة المَالِيَّة	금융, 재정위기
مِلْيُون (ج : مَلايِينُ)	100만
أَنْتَجَ ، إِنْتَاجٌ	(Ⅳ)생산하다, 제조하다

구문연구

① المسئول 은 بوريس سوكولوف 와 동격

② ما يتراوح... 에서 ما 는 관계대명사로 영어의 what 과 유사해 선행단어가 쓰이지 않는다.

해석

한국에 준 러시아 헬리콥터는

모스크바가 서울에 대한 부채상환

모스코 A.F.P : 러시아 한 고위책임자는 어제 자국에 닥친 금융위기로 인해 헬리콥터 비행기 (제공)형식으로 그의 나라는 한국에 대한 자국의 부채를 상환할 것이라고 밝혔다. 헬리콥터의 대당 가격은 450만 달러이다. 카무프 러시아 항공기 제조 산업사의 책임자 보리스 스쿨루프는 한국이 자사 생산 Ka - 32형 헬리콥터를 23-25 정도 인수했다고 밝혔다. 그는 헬리콥터 대수가 나중에는 30대까지 늘어날 수도 있을 것이라고 덧붙였다.

제3부 18과

باعتبارها سوقا جديدة
مصر تفتتح مكتبا سياحيّا بجنوب إفريقيا

الدرس ١٨

قال وزير السياحة المصريّ الدكتور ممدوح البلتاجي إن بلاده ستفتح مكتبا سياحيّا لها في جنوب إفريقيا باعتبارها سوقا جديداً يمكن أن يساهم في تنشيط السياحة إلى مصرَ.

وأضاف في تصريح قُبَيْلِ توجُّهه إلى المملكة العربيّة السعوديّة أمسِ على رأس وفد سياحيّ بغرض جذب عدد أكبرَ من السيّاح العرب إلى مصرَ أن بلاده "في طريقها إلى إعادة توزيع مكاتبها السياحيّة الخارجيّه لتقومَ بدورها على أكمل وجه في جذب السياحة إلى مصر".

وكانت مصر قد قررت إغلاق بعض مكاتبها الخارجيّة وافتتاحَ مكاتبَ جديدةٍ لمصر خاصة في الأسواق الواعدة مِثْلَ أسواق أوروبا الشرقيّة وروسيا في إطار سعيها لاستعادة مكاتبها السياحيّة الّتي تأثّرت ببعض أحداث العنف الّتي تشهدها حاليًا.

وقال البلتاجي إن السوق السياحيٌّ السعوديٌّ من الأسواق النشطة الّتي

يزداد اقبالها على المنتج السياحيّ المصريّ وإنه كان مقرّرا أن يزورَها في بدء جولتِهِ في البلاد العربيّة ولكنّ تمّ تأجيلُهَا حتّى الانتهاءِ من موسم الحجّ.
وكان البلتاجي قد تَرَأَسَ وفدا سياحيًا مصريًا قام بزيارة كل من البحرَيْنِ ودولة الإمارات العربيّة المتّحدة ودولة الكويت مُؤَخَّرا في إطار ما يُسَمَّى بالقوافل السياحيّة الّذي يهدف إلى تنشيط السياحة العربيّة في مصر.

⊛ 단어 · 숙어연구

باعتبار ...	…라는 점에서, 견지에서, 고려하여
افتتح ، افتتاح	(Ⅷ)(회의 따위를)열다, 개막하다; 열다
سياحيّ	관광의, 여행의
جنوب إفريقيا	남아프리카
ساهم في ...	(Ⅲ)…에 기여하다, 공헌하다
تنشيط	활성화, 적극화
تصريح	성명, 선언
قُبَيْلَ ...	…직전에
تَوَجَّه إلى ...	(Ⅴ)…로 향하다, 떠나다
على رأس ...	…의 대표로, 우두머리로
غَرَض (ج : أغراض)	목표, 목적
جذب	유인, 유치
توزيع	분배, 배급, 배치
على أكمل وجهٍ	완벽하게, 완전무결하게
قام بدور في ...	…에 역할을 수행하다
إغلاق	폐쇄
واعِد	약속하는, 유망한
إطار (ج : أُطر ، إطارات)	틀, 테, 범주; 타이어
سَعْي إلى ...	…을 위해 애씀, 노력
استعادة	회복, 복귀
مكانة	위치, 위상

تأثّر بـ ...	(Ⅴ)…로부터 영향을 받다
حَدَث (ج : أحداث)	사건, 일
عُنْف	폭력, 강압, 강제
ازداد	(Ⅷ)증가하다, 늘다
إقبال على ...	…에 달려듦, 다가감
منتَج	생산된; 생산품
أجّل ، تأجيل	(Ⅱ)미루다, 연기하다
موسم (ج : مواسمُ)	계절, 철, 시기, 시절
ترأّس	(Ⅴ)주도하다, 이끌다
قافلة (ج : قوافل)	(사막의)대상, 여행대

◘ 구문연구

① مكتب سياحيّ لها 의 ها 는 بلاده 로 이집트를 가리킨다. 이 표현은 비한정형이다. 한정형은 مكتبها السياحيّ 로 쓴다.

② سوق 는 남, 여성형 둘 다 쓰일 수 있다.

예) سوق جديد، سوق جديدة

③ 형용사는 단위가 큰 단어부터 쓴다. 예) المملكة العربية السعوديّة

✲ 해석

새로운 시장이라는 관점에서
이집트, 남아프리카에 관광사무소를 개소하다

이집트 관광장관 맘두흐 알발타지 박사는 자국이 남아프리카를 이집트 관광활성화에 기여할 수 있는 새로운 시장으로 간주하여 그곳에 관광사무소를 개설할 것이라고 말했다.

그리고 그는 어제 보다 많은 아랍관광객들을 이집트로 유치하기 위한 목적을 띈 한 관광대표단의 단장으로 사우디 아라비아 왕국으로 향하기 직전에 행한 성명서에서 "자국은 이집트로의 관광객 유치를 완벽하게 그 역할을 수행할 수 있도록 대외 관광사무소를 재배치하는 과정중에 있다"고 덧붙였다.

이집트는 현재에 목격되었던 일부 폭력사건들에 영향을 받은 이집트 관광위상의 회복을 위한 노력의 일환으로 일부 해외 사무소들을 폐쇄하고, 특히 동유럽과 러시아 시장같은 유망한 시장들에 새 사무소들의 개설을 결정한 바 있다.

알발타지 장관은 사우디 관광시장이 이집트 관광상품에 대한 호응이 증대하고 있는 활발한 시장중의 하나이며, 자신은 아랍국가들에 대한 순방 초에 사우디를 방문할 예정이었으나, 순례기간이 끝날 때까지 방문을 연기했다고 말했다.

알발타지 장관은 이집트내 아랍관광의 활성화를 목표로 하는 이른바 관광 대상단의 일환으로 최근 바레인, 아랍에미레이트, 쿠웨이트 등을 각각 방문한 바 있는 이집트 관광대표단을 인솔한 바 있다.

제 4 부

الباب الرابع

제4부 1과

سفير أمريكا في كابول يدعو لترحيل الهيبيز الأمريكيّين

الدرس ١

كـابول – خـاص للأهرام : أعـرب روبرت نـيـومـان السـفـيـرُ الأمـريكيٌّ في أفغـانسـتـان عن قلقه لانتـشـار تدخين الحـشـيش والأعـمـال الفاضحة الأخرى الّتي تقوم بها جماعات الهيبيز الأمريكيّة في أفغانستان. وقال إنه سيطلب إعادةَ كلِّ شبابِ الهيبيزِ من الأمريكيّين إلى الولايات المتّحدة.

단어・숙어연구

رحّل ، ترحيل	(Ⅱ)…을 떠나게 하다, 출발시키다 …을 철수시키다, 이주시키다
قلق	근심, 걱정, 불안
دخّن ، تدخين	(Ⅱ)흡연하다, 훈증하다
حشيش (ج : حشائشُ)	대마초
فاضح	부끄러운, 창피한, 불미스러운

구문연구

① السفير الأمريكيّ 는 روبرت نيومان 과 동격이기 때문에 주격으로 쓰인다.

② إنّ 는 قال 다음에서 처럼 남의 말을 인용할 때나 어두에 쓰인다.

해석

카불주재 미국대사, 미국인 히피들의 떠남을 촉구하다

카불 - 알아흐람 독점 : 로버트 뉴먼, 아프가니스탄 주재 미국대사는 아프가니스탄에서 미국인 히피 집단들이 행하고 있는 대마초 흡연과 그 밖의 불미스러운 행위들의 만연에 대한 그의 근심을 피력하였다. 그는 모든 미국인 히피 청년들이 미국으로 되돌아가도록 요구할 것이라고 말했다.

제4부 2과

توقّف الرحلات الجويّة بين تايوان واليابان

٢ الدرس

تايوان : أوقفت حكومة تايوان اليومَ جميع رحلاتها الجويّة إلى طوكيو كما طالبت اليابان وقف جميع رحلاتها أيضا إلى تايوان وذلك في أعقاب توقيع اليابان اتفّاقيّةً مع الصين الشعبيّة .

وكانت الحكومة في تايوان قد هدّدت اليابان بإلغاء جميع الرحلات الجّويّة بين طوكيو وتايوان إذا تمّ التوقيع على الاتّفاقيّة المذكورة .

⊛ 단어 · 숙어연구

رحلة (ج : رحلات)	여행, 소풍, 순방
جوّيّ	공중의, 항공의
أوقف	(Ⅳ)멈추게하다, 중단시키다
في أعقاب	~직후에 〈비〉 عَقِبَ
وقّع ، توقيع	(Ⅱ)서명하다, 조인하다
اتّفاقية	협정, 협약 , 조약
إلغاء	취소, 폐기, 폐지

◘ 구문연구

① اتّفاقيةً في أعقابِ توقيع اليابانِ اتفاقيةً 에서 اتفاقيةً 은 동명사 توقيع 의 목적어이고, 이 동명사의 의미상의 주어는 اليابان 이다.

✲ 해석

대만과 일본 간 항공여행 중단

대만 정부는 오늘 도쿄로의 모든 항공편 여행을 중단시켰으며, 또한 일본에게 타이완으로의 모든 여행들 역시 중지할 것을 요구하였다. 그것은 일본이 중국과의 한 협정서에 조인한 직후에 있었던 일이다.

대만 정부는 만일 위 언급된 협정서에 조인이 이루어질 경우, 도쿄와 대만간 모든 항공편 여행들이 폐지될 것이라고 일본을 위협한 바 있었다.

제4부 3과

بحث أزمة الغِذاء في طرابلس

الدرس ٣

طرابلس : بحث الرائدُ عبدُ السلام جلود رئيسُ الوزراء الليبيٌ في طرابلسَ أمسِ مع الدكتور "أديكى بورما" المديرِ العام لمنظّمة الأغذيّة والزراعة الدوليّة في أزمة الغِذاء الّتي تعاني منها معظم الدول الافريقيّة.

وقالت وكالة أنباء الثورة الليبيّة إنّ الرائد جلود أبدى استعدادَ ليبيا لمعاونة المنظمة الدوليّة من أجل زيادة إنتاج الغِذاء في العالم.

🏵 단어 · 숙어연구

أزمة (ج : أزمات)	위기
غِذاء (ح : أغذية)	자양분, 음식물, 식량
رائد (ج : رُوّاد)	탐험가, 개척자; (군)소령
منظّمة الأغذيّة والزراعة الدوليّة	국제식량농업기구(FAO)
عانى من ...	(Ⅲ)…을 겪다, 견디다, 입다
استعداد لـ ...	…에 대한 대비, 준비
معاونة	원조, 도움
زيادة	증대, 증가
إنتاج	생산, 생산물

구문연구

① الرائد ، عبد السلام جلود، رئيس الوزراء الليبيّ 는 모두 동격이다.

✲ 해석

트리폴리에서의 식량 위기 논의

트리폴리 : 리비아 수상 압둘 살람 줄루드 소령은 어제 트리폴리에서 국제식량농업기구 총재인 아디카 부르마 박사와 함께 대부분의 아프리카 국가들이 겪고 있는 식량위기에 관해 논의했다. 리비아 혁명 통신은 세계의 식량 생산 증가를 위하여 리비아가 이 국제 기구에 원조할 준비가 되어 있음을 줄루드 소령이 표명했다고 말하였다.

제4부 4과

مشكلة اللاجئين من أقدم المشاكل العالميّة

الدرس ٤

قـال كـوفي عنان في الخطاب الّذي ألقاه أمس أمـام الجـمـعـيّـة العـامّـة للأمم المتّحدة : إنّ مشكلة اللاجئين في العالم مشكلة قديمة وليست جديدة. بل إنّها ،

كـمـشكلة الحـروب بين الأمم من أقـدم المشـاكل الّتي عـرفـهـا الناس منذ آلاف السنوات. وأضاف قائلا : هناك لاجئون سياسيّون ولاجئون غير سياسيّين. وهناك لاجئون عـرب ولاجئون يهود ولاجئون من الصين. هناك لاجئون شرقيّون ولاجئون غربيّون. هناك لاجئون مسلمون من الهند إلى باكستان ولاجئون من باكستان إلى الهند. وهناك في أوروبا لاجئـون : من برلين الشرقـيّـة إلى برلين الغـربيّـة ومن ألمانيا الشرقـيّة إلى ألمانيا الغربيّة ومن تشيكوسلوفاكيا إلى يوغسلافيا ومن روسيا إلى بريطانيا، ومن اليونان إلى فرنسا وغيرها من الدول الأوروبيّة. وهناك في العالم العربيّ لاجئون : من العراق إلى سوريا، ومن سوريا إلى لبنان، ومن إيران إلى العـراق، ومن العـراق إلى إيران، ومن الجزائر إلى المغـرب وتونس، ومن مصر إلى السودان. وهناك في افريقيا لاجئون وفي أمريكا لاجئون. وهكذا يمكن أنْ نقول إن هناك في كلّ جزء من أجزاء العالم لاجئين. ولا يمكن حل مشكلة اللاجئين إلّا بحلّ مشكلةِ الحروب بين الشعوب.

단어 · 숙어연구

خطاب (ج : خطابات ، أخطبة)	연설
ألقى الخطاب	(Ⅳ)연설하다
بل إنّها ...	오히려 그것은 …이다, 뿐만 아니라 그것은 …이다
أمّة (ج : أمم)	공동체, 국가, 민족
في كلّ جزء من أجزاء العالم	전세계 각처에서, 곳곳에
لا يمكن حلّ ... إلاّ~	~없이는(아니고서는) …을 해결할 수 없다

구문연구

① لاجئون عرب ولاجئون يهود 에서 عرب 이나 يهود 는 수식어로 "아랍인들", "유태인들" 의 뜻의 복수 개념을 지닌 집합 명사이다. 이런 단어의 단수형은 ياء النسب 을 보여서 만든다. (예 : يهوديّ، عربيّ)

② إن هناك في كل جزء .....لاجئين 에서 لاجئين 는 إنّ 의 주어로 대격으로 쓰였고, هناك 는 서술어로 주격으로 쓰인 셈이다.

✻ 해석

난민문제는 가장 오래된 국제문제이다

코피아난은 어제 유엔총회에서 행한 연설에서 다음과 같이 말했다. "세계난민문제는 새로운 문제가 아니라 오래된 문제입니다. 오히려 국가간의 전쟁문제처럼 인간이 수천년 전부터 알고 있던 가장 오래된 문제중의 하나입니다". 그는 덧붙여 말했다. : "정치적 난민이 있고 비정치적 난민이 있습니다. 아랍인 난민이 있는가하면 유태인 난민, 중국으로부터 온 난민들이 있습니다. 동양인 난민도 있고 서양인 난민도 있습니다. 인도로부터 파키스탄으로 이동한 무슬림 난민이 있고, 파키스탄으로부터 인도로 이동한 난민도 있습니다. 유럽에서는 동베를린에서 서베를린으로, 체코슬로바키아에서 유고슬라비아로, 러시아에서 영국으로, 그리스에서 프랑스와 기타 유럽국가로 이동한 난민들이 있습니다. 아랍세계에도 난민들이 있습니다.: 이라크에서 시리아로, 시리아에서 레바논으로, 이란에서 이라크로, 이라크에서 이란으로, 알제리에서 모로코나 튀니지로, 이집트에서 수단으로 이동한 난민들이 있습니다. 아프리카에도, 미국에도 난민들이 있습니다. 이와 같이 우리는 세계 도처에 난민들이 있다고 말할 수 있겠습니다. 그리고 난민문제의 해결은 민족간의 전쟁상황을 해결하지 않고는 불가능하다고 말할 수 있겠습니다".

제4부 5과

مساواة النساء بالرجال في جميع نواحي الحياة المختلفة

الدرس ٥

أصبحت النساء في عدد من البلدان يَقُمْنَ في هذه الأيام بدور كبير في توجيه سياسة بلادهِنَّ. وهُنَّ يُدْرِكْنَ الآن بأنّ الشؤون السياسيّة لا تُهِمُّ الرجال وحدَهم بل تُهِمُّ جميع المواطنين، رجالا كانوا أم نساء. وهذا صحيح، على الأقلّ في البلدان التي تُؤْمِنُ بالديمقراطية وتؤمن بأنّ من حقّ الشعب أنْ يحكم نفسه

بنفسه وأنْ يأتي قادته ورجال الحكم من بين صفوفه. ولقد بدأنا نرى بالفعل في هذه الأيام نساء صاحبات مناصب عالية في الدولة، وأصْبَحْنَا نَجِدُ بينهنّ مندوبات ورئيسات الجمعيّات والمجالس الدوليّة ورئيسات المؤتمرات المختلفة أو رئيسات الوفود الرسميّة. وأصْبَحْنَا نَجِدُ بينهنّ كذلك القاضيّات في المحاكم ومديرات المعاهد والمؤسسّات، والصحفيّات والكاتبات والنائبات والوزيرات. بل أصْبَحْنَا نَجِدُ بينهنّ رئيسات حكوماتٍ حتّى في دول كالهند والنرويج. ومن يَعْلَمُ؟! لعلّنا سنجد بينهنّ قريباً رئيسات جمهوريّات. ولِمَا لا؟! ألم يَكُنْ بينهنّ ملكات عظيمات في كلّ الأزمان؟

وهكذا فإنّه يمكن القول بأنّ أبواب المستقبل فُتِحَتْ نهائيا امام المرأة للاشتراك مع الرجل في جميع الأعمال وفي جميع الحقول.

✿ 단어・숙어연구

قام بـ ...، (ـُ)	…를 맡다, 수행하다, 이행하다
دور (ج : أدوار)	역할, 임무, 차례, 층
وجّه سياسةَ البلادِ ، توجيه	국가 정책의 방향을 정하다
أهَمَّ بـ ...	(Ⅳ)…에게 관심있게 되다, 중요해지다
لا ـ وحدَهم بل ...	단지 그들에게만 ~이 아니라 오히려 …도
آمن بـ ...	(Ⅳ)…을 믿다, 신뢰하다, 신봉하다
من حقّ الشعب أن ...	…는 국민의 권리이다
رجال الحُكْم	집권자들, 정권자들, 통치자들
صفّ (ج : صُفوف)	줄, 열, 대열; 반
بالفعل	실제로
منصب (ج : مناصبُ)	직위, 직책
قاضية	여판사, (남판사는 قاضٍ)
نائب (ج : نُوّاب)	의원, 하원의원; 대리
لما لا ؟	왜 아니겠는가?
في كل الأزمان	모든 시대에
هكذا فإنّه يمكن القول ...	이렇게 …라고 말할 수 있다

فتحت أبواب المستقبل أمام...	…앞에 미래의 문이 열려있다
نهائيّاً	마침내, 끝내, 종국에는
حقل (ج : حقول)	분야, 영역, 들, 벌판, 논
	〈비〉 مَيْدَان، مَجَال
في جميع الحقول	모든 분야에서

◘ 구문연구

① الرجال وحدَهم … 에서 وحدهم 은 "그들만", وحدك 는 "너 혼자서" 의 뜻으로 وحد 는 항상 대격으로 쓰인다. 예) وحدَكُم، وحدَنا . 그러나 وحدي 는 뒤에 오는 접미 대명사 의 영향으로 وحدِي 는 뒤에 오는 접미 대명사의 영향으로 وحدِي 로 사용한다.

وحد 는 항상 접미대명사에 연결되어 쓰인다.

② فإنه يمكن القول بأن… 에서 대명사 هـ 는 إن 의 가주어이고 يمكن القول 이하의 문장이 서술어이다. 그리고 이 서술어 문장 속의 주어는 القول 이고 동사는 يمكن 이다.

✲ 해석

각종 생활 제반 분야에서의 남녀 평등

요즈음 많은 나라의 여성들은 국가 정책결정방향에 큰 역할을 수행하게 되었다. 이제 여성들은 정치문제가 단지 남성들에게만 중요한 것이 아니라, 남녀를 불문하여 모든 시민들에게 중요한 것임을 인식하고 있다. 적어도 이것은 민주주의를 신봉하고, 국민 자신이 스스로를 통치하며, 국민 대열에서 통치자와 지도자를 선출하는 국민의 권리중의 하나라고 믿는 국가들에게는 사실이다. 실제로 우리는 요즈음 국가의 고위직책을 맡고있는 여성들을 보기 시작했다. 고위 직책을 맡고 있는 여성들 중에서 국제 회의 협의회의 여성대표들과 여성회장들, 각종 회의의 여성의장들 혹은 공식 사절단의 여성단장들을 볼 수 있게 되었다. 마찬가지로 우리는 그녀들 중에서 법원의 여성판사,

연구소나 기관등의 여성소장, 여성언론인, 여류작가, 여성의원, 여성 장관 등을 볼 수 있게 되었다. 심지어 인도나 노르웨이 같은 나라에서는 여성 가운데에서 정부의 수반을 맡은 여성도 볼 수 있게 되었다. 누가 알겠는가?! 우리는 곧 그녀들 중에서 여성 대통령을 아마도 볼 수 있게 될 것이다. 왜 아니겠는가?! 여성중엔 각시대의 위대한 여왕도 있지 않았던가?

이와 같이, 미래의 문은 모든 업무에서와 모든 영역에서 남성과 함께 참여할 수 있도록 여성 앞에 완전히 열려 있다고 말할수 있다.

제4부 6과

النساء يشتركن في مظاهرات واشنطون

الدرس ٦

واشنطون - رويتر - وكالة الأنباء الفرنسيّة - الصحافة المتَّحدة : اشتركت مئات من النساء في المظاهرة الّتي قامت أمس في العاصمة الأمريكيّة من أجل السلام. وقد بدأت هذه المظاهرةُ الّتي دعت إليه بعضُ المنظَّمات والهيئات في الساعة التاسعة صباحًا وانتهت عند الظُهر. وقد اتَّجهت أوّلا نحوَ البيت الأبيض حيث استقبلت السيدة الأولى وفدا من أربع سيدات يمثِّلن النساء الأمريكيّات. وبعد انتهاء المقابلة اتَّجهت المظاهرة نحوَ السفارة الروسيّة حيث قام وفدٌ آخرُ بمقابلة أحد كبار المسؤولين هناك.

❀ 단어・숙어연구

اشترك في ...	(Ⅷ)…에 참가하다
مظاهرة (ج : مظاهرات)	시위, 데모
مئات من النساء	수백명의 여성들
دعا إلى ...	…을 촉구하다, 호소하다
اتَّجه ، اتجاه	(Ⅷ)향하다
أوّلا	먼저, 우선

البيت الأبيض	백악관
استقبل ، استقبال	(Ⅹ)맞이하다, 영접하다
...حيث	…,그곳에서는
السيدة الأولى	영부인
مثّل ، تمثيل	(Ⅱ)대표하다
مقابلة	면담, 인터뷰, 대담

◘ 구문연구

① ...التي دعت إليه بعض المنظمات 에서 دعت 가 여성형으로 쓰인 이유는 بعض المنظمات 가 بعض 에 따라 남성으로 쓰일 수도 있고, 뒤에오는 연결형 제2요소의 성 , 즉 المنظمات 의 여성형을 따라 사용될 수 있다.

② البيت الأبيض 는 백악관이고 الدار البيضاء 는 카사블랑카(모로코의 도시) 다.

✲ 해석

여성들, 워싱턴 시위에 참여하다

워싱턴 - 로이터 - 프랑스 통신 - 연합 신문 : 수백명의 여성들이 어제 미국의 수도에서 있었던 평화를 위한 시위에 참가했다. 몇몇 기구와 단체들이 촉구했던 이번 시위는 아침 9시에 시작하여 정오에 끝이 났다. 시위(대)는 먼저 백악관쪽으로 향했는데 거기에서 영부인은 미국 여성들을 대표하는 4명의 여성 대표단을 맞이하였다. 그 만남이 끝난 뒤 시위(대)는 러시아 대사관 쪽으로 향했고 거기에서 또 다른 대표단이 러시아 대사관의 고위 책임자와 면담하였다.

제4부 7과

إضراب الصحف في نيويورك

الدرس ٧

نيويورك – رويتر : أعلن عمّال وموظّفو سبع صحف أميركيّة في نيويورك الإضراب عن العمل بسبب الخلاف الأخير حول بعض الشؤون العمّاليّة . وسيبدأ تنفيذ الإضراب في الساعة السابعة من صباح غد ، أيْ قبل ثمانية أيام فقط من موعد انتخابات الرئاسة . والغاية من هذا الإضراب هي تحسين أوضاع العمال والموظّفين . وقد استمرّت المفاوضات وقتًا طويلاً بين ممثّلي هذه الصحف السبع ومندوبين عن عمّال وموظّفي الصحف في نيويورك. ويرى البعض أن الأمل بنجاح المفاوضات والوصول إلى اتّفاق أصبح الآن قليلا للغاية بعد أن أعلن اتّحاد عمّال وموظّفي الصحف الإضراب .

단어 · 숙어연구

إضراب (ج : إضرابات)	파업,
	〈참〉 إِضْرَاب عَن الطَعَام 단식
موعد انتخابات الرئاسة	대통령 선거일시
رأى (ـَ)	보다, 생각하다
نجاح	성공
للغاية	극히, 매우, 극도로
اتّحاد	연합, 단합

구문연구

① موظفو سبع صحف 에서 موظفو 는 موظفون 에서 النون 이 연결형

으로 인해 떨어져 버린 상태다. 이런 경우는 ممثّلي 에서도 볼수 있다. 그리고 سبع صحف 에서 سبع는 صحف 의 단수인 صحيفة 에 맞추어서 سبع로 썼다. 그렇지만 هذه الصحف السبع 에서 처럼 숫자가 수 식으로 쓰일 경우는 남.여성형이 다 쓰일 수 있다.

(예) هذه الصحف السبعة / هذه الصحف السبع

② وقد استمرت...وقتًا طويلا 에서 وقتا 은 목적어가 아니라 부사어이다.

③ عمال وموظي الصحف의 옳은 표현은 عمّالِ الصحف وموظّفِيها 이다.

④ 동명사나 분사에 따라오는 전치사들은 원래 동사형에 쓰이던 전치사다. 예를 들어 ...أضرب عن 에서 ...إضراب عن 으로 동명사가 되어도 전치사는 그대로 쓰인다.

✲ 해석

뉴욕에서의 신문 파업

뉴욕 - 로이터 : 뉴욕에 있는 7개 미 신문들의 노동자들과 직원들은 일부 노동문제에 대한 최근의 이견 때문에 파업을 선언했다. 파업 단행은 내일 아침 7시, 즉 대통령 선거일의 불과 8일전에 시작될 예정이다. 이 파업의 목적은 바로 노동자들과 직원들의 환경개선이다. 협상이 이 7개 신문들의 대표자들과 뉴욕에 있는 신문들의 직원들과 노동자 대표들 간에 오랜 시간 계속되었다. 일부 사람들은 신문 노동자 및 직원 연합이 파업을 선언한 이후, 현재로서는 협상의 성공과 합의에 이를 희망이 극히 적어지게 되었다고 보고있다.

제4부 8과

مدير عام هيئة الإذاعة البريطانيّة : يُؤكِّدُ أهميّة المفاوضات بين الاتّحاد والإدارة

الدرس ٨

قال مدير عام هيئة الإذاعة البريطانية إن تَدَخُّله في الاختلاف بين الاتّحاد والإدارة لن يُسَهِّلَ الأمور، وإنّ الحلَّ يجب أنْ يَتِمَّ عن طريق المفاوضات الّتي تجري الآن بين الاتّحاد والإدارة.

단어 · 숙어연구

مدير عامّ	총지배인, 대표이사
اختلاف	상위, 의견 차이, 갈등
سهّل ، تسهيل	(Ⅱ)용이하게 하다, 쉽게 하다
عن طريق ...	…방법을 통하여
مفاوضة (ج : مفاوضات)	협상, 타협

구문연구

① لَنْ 과 أنْ 뒤에 오는 미완료형 동사는 접속법으로 쓰인다.

해석

영국 방송 공사(BBC) 사장 : 노사간 협상의 중요성을 강조하다

영국 방송 공사 사장은 노사간의 갈등에 자신이 개입하는 것이 결코 문제를 용이하게 하지 못할 것이라면서, 현재 노사간에 진행되고 있는 협상을 통하여 해결이 이루어져야 한다고 말했다.

제4부 9과

إضراب العاملين في مُؤَسَّسَة الطاقة الذَرِّية الفرنسيّة

الدرس ٩

باريس في ١٧ : أضرب اليوم العاملون في لجنة الطاقة الذرّية الفرنسيّة وفي محطات القُوَّى النووية احتجاجا على قرار اللجنة بالاستغناء عن ٢٦٠٠ عامل لخفض النفقات ورفع كفاءة العمل.

واشترك في الإضراب ٨ آلاف عامل وموظّف من ١٠ معامل تابعة للجنة الطاقة الذرية، بينما قام العُمَّال في معمل "ماكول" بوادي الرون باحتلال المعمل منذ يوم الخميس الماضي وما زالوا يسيطرون عليه حتى اليوم.

단어 · 숙어연구

الطاقة الذرّيّة	원자력
مَحَطَّات القُوَى النَوَوِيَّة	핵발전소
اِحْتِجَاجًا على ...	…에 항의하여
استغنى عن ...، اِسْتِغْنَاء	(X)…을 필요로 하지 않다
نَفَقَة (ج : نَفَقَات)	비용, 경비
كَفَاءَة	효율, 적합, 〈복〉능력
معمل	작업장
لجنة	위원회
سَيْطَرَ على	지배하다, 통제하다

구문연구

① احتجاجًا على 는 상태문 (الحال) 이다.

해석

프랑스 원자력 기구 근로자 파업

파리 17일 : 오늘 프랑스 원자력 위원회와 핵발전소 근로자들은 비용절감과 노동효율을 높히기 위하여 2600명의 근로자를 해고한다는 위원회의 결정에 항의하며 파업했다.

파업에는 원자력 위원회 소속의 10개 작업장에서 8,000명의 근로자들과 직원들이 참가했다. 한편 알론 계곡의 마콜 작업장의 근로자들은 지난 목요일 이래 작업장을 점거하여 오늘까지 계속 장악하고 있다.

제4부 10과

إضرابات عُمَّالية في كندا

الدرس ١٠

أوتاوا : أعلن عمَّال البريد الكنديّ الإضراب الشامل عن العمل يومَ أمسِ مطالبِينَ بزيادة الأجور وتحسين أحوالهم المعيشيّة.

وقد أدّى الإضراب إلى توقّف العمل في معظم مكاتب البريد في مدن كندا.

ومن ناحية أخرى توقّف العمل كُلِّيًا أمسِ في سبعة مطارات رئيسيّة في كندا بسبب إضراب عُمّال مكافحة الحرائق العاملين فيها.

وذكرت المصادر الكنديّة اليومَ أنَّهُ تَمَّ إغلاقُ هذه المطاراتِ في أعقاب الإضراب.

وهدّد عمّال السيطرة الأرضية في المطارات الكندية أيضا بإعلان الإضراب العامّ في الخامس من الشهر المقبِل في حالة عدم استجابة لِمَطالبهم.

단어 · 숙어연구

عامل (ج : عُمّال)	근로자, 노동자
بريد	우편
شامل	포괄적인, 전반적인, 총체적인
مكافحة	저항, 퇴치
حريق (ج : حرائق)	화재, 불
إغلاق	잠금, 폐쇄

استجابة　　응답, 부응, 호응

구문연구

① مطالبِينَ 는 상태문 (الحال) 이다.

② سبعة مطارات 에서 سبعة 에 ة 가 붙은 이유는 뒤에 오는 단어의 단수의 성에 따라 숫자의 성이 결정되기 때문이다. 즉 단수 مطار 는 남성형이기 때문에 سبعة 를 쓴다.

✲ 해석

캐나다 근로자 파업

오타와 : 캐나다의 우체국 근로자들은 어제 봉급인상과 생활여건 개선을 요구하면서 총파업을 선언했다. 파업은 캐나다 도시들의 대부분 우체국들에서 업무중단을 초래하였다.

한편, 공항에서 소방업무를 맡고 있는 근로자들의 파업으로 인해 캐나다의 7개 주요 공항에서도 어제 업무가 완전히 중단되었다.

캐나다 소식통들은 오늘, 파업직후 이들 공항들이 폐쇄되었다고 전했다.

캐나다 공항들에서 지상 통제 업무를 담당하고 있는 근로자들 역시 그들의 요구들을 들어주지 않을 경우 다음달 5일에 총파업을 선언할 것 이라고 위협했다.

제4부 11과

مسلَّح يقتل رجلا ويجرح ٣ في أحد شوارع فرانكفورت

الدرس ١١

فرانكفورت - رويتر : قُتِلَ رجل وأُصِيبَ ثلاثةٌ بجروح بالغة أمسِ بعد أن

أطْلَقَ مسلّحٌ النارَ على الناس في شوارع فرانكفورت وقالت الشرطة إنّه من يوغسلافيا السابقة وان أمرا باعتقاله قد صدر.

وألقت الشرطة القبض على المسلّح بعد أن اختبأ في منزل بوسط فرانكفورت.

وقال شهود عِيَان إنّ طفلا كان ضمن الضحايا وان سيدة أُصِيبَتْ في صدرها وأُصِيبَتْ امرأة أخرى في رأسها.

واعتُقِلُ المسلّح بعد أن حاصر رجال شرطة مسلحون المنزل الّذي اختبأ فيه. وأكّد شهود عِيَان أن المسلّح أطلق الرصاص في كلّ الاتّجاهات بشكل عشوائيّ.

❀ 단어 · 숙어연구

مسلّح	무장한, 무장된
جُرْح (ج : جراح ، جروح)	상처, 부상
أُصِيبَ بـ ...	(Ⅳ)〈수동〉…(상처 등을)입다
بالغ	큰, 거대한
أطلق النار على ...	(Ⅳ)…에 발사하다, 총격을 가하다
أمَرَ بـ ...	…을 명령함, 지시함
اعتقل ، اعتقال	(Ⅷ)체포하다, 구금하다
صدر (ـُ) ، صُدور	나오다, 발표(공표)하다
ألقى القبض على ...	…을 체포하다
اختبأ	(Ⅷ)숨다, 사라지다
بوَسَطِ ...	…의 가운데에, 중심부에
شاهد عيان (ج : شهود عيان)	목격자, 목격, 증인
ضِمْنَ ...	…의 안에, 속에
صَدْر	가슴
حاصر	(Ⅲ)포위하다, 봉쇄하다
أطلق الرصاص	사격하다, 탄환을 발사하다
اتّجاه (ج : اتّجاهات)	방향; 경향, 추세
عَشْوائي	맹목적인, 무차별한

◘ 구문연구

① شاهد عيان 같은 복합어의 복수는 연결형 제 1요소에 쓰인 단어를 복수형으로 써서 만든다. (예 شهود عيان)

✻ 해석

무장한 사람이 프랑크푸르트 거리에서 한 남자를 살해하고 3명에게 부상을 입히다

프랑크푸르트 - 로이터 : 무장괴한이 프랑크푸르트 거리들에서 사람들에게 총격을 가해, 어제 한 사람이 사망하고 3명이 치명상을 입었다. 경찰은 그가 구유고슬라비아 출신이며 그에 대한 체포령이 떨어졌다고 발표했다.

경찰은 프랑크푸르트 중심가에 위치한 한 주택에 은닉해 있던 그 괴한을 체포했다.

목격자들은 희생자 중에 어린이 한명이 포함되어 있었으며, 한 부인은 가슴에 또 한 여성은 머리에 부상당했다고 말했다.

그 무장괴한은 무장경찰들이 그가 숨어있던 집을 포위한 끝에 검거되었다. 목격자들은 그 무장괴한이 사방으로 무차별 총격을 가했다는 것을 확인했다.

제4부 12과

يختطفون حتّى العروسان كرهائن

الدرس ١٢

موسكو - الشرق الأوسط : أُضْطُرَّ رجال الأمن لاستخدام القوّة للإفراج عن عَرُوسين احتجزهما رجل لدى خروجهما من مكتب تسجيل عقود الزواج في مدينة بطرسبورج الروسيّة وسط دهشة الأهل والأصدقاء وبذلك أفسد على الجميع مباهج حفلة الزفاف. وهدّد الرجل المسلّح بقنبلة يدويّة بأنّه سيفجّرهما إذا تعرّض له أحد.

وبعد مفاوضاتٍ أجراها معه النائب في البرلمان والصَّحافيّ المعروف ألكسندر نيفزوروف وافق الإرهابيُّ على أنْ يحلّ النائب محلّ العروسين.

وعندما توجَّهت السيَّارة الّتي تُقِلُّ النائب والإرهابي إلى ضاحيّة كروتشتاد حيث توجد القاعدة البحريّة في المدينة أوقفها رجال الأمن وطلبوا من الخاطف تسليمَ نفسهِ، فألقى عليهم القنبلة اليدويّة من نافذة السيارة فلم تنفجر. وأُلْقِيَ القبضُ عليه ثم نُقِلَ إلى المستشفى لمعالجته من جرح في رأسه المصاب بشظايا زجاج السيَّارة، ولفحص حالته العقليّة.

ولم تُعْرَفْ حتى الآن دوافعُ الإرهابيّ وسبب اختطافه للعروسين.

❀ 단어 · 숙어연구

رجل الأمن	안전요원, 경찰
اختطف ، اختطاف	(Ⅷ)납치하다
رهينة (ج : رهائنُ)	인질, 볼모
أفرج عن ... ، إفراج	(Ⅳ)…을 석방하다
احْتَجَزَ	(Ⅷ)억류시키다, 품어두다, (집안에) 틀어 박히다
دهشة	경악, 놀람
أفسد ، إفساد	(Ⅳ)망쳐놓다, 훼손하다
مَباهجُ	즐거움, 기쁨, 유쾌함, 환희 (مَبْهَجَةٌ 의 복수인 مباهجُ 는 보통 복수로 쓰인다)
حفلة زفاف	결혼식, 혼례
قنبلة يدويّة	수류탄
صَحَافِيٌّ	기자
أقلّ	(Ⅳ)나르다, 운반하다
القاعدة البحريّة	해군기지
تسليم نفسه	자수
ألقى القبض على ...	(Ⅳ)…을 체포하다
شظيّة (ج : شظايا)	파편, (부서진) 조각
دافع (ج : دوافعُ)	이유, 동기

구문연구

① 비한정 수식절은 피수식어 뒤에 바로 쓰이고 한정 수식절은 관계대명사가 쓰인다. ...عروسين احتجزهما رجل 에서 احتجزهما 이하는 عروسين 를 수식하는 절이다. ...وبعد مفاوضات أجراها 에서도 أجراها 이하의 문장은 مفاوضات 를 수식하는 절이다.

해석

신혼 부부마저 인질로 납치하다

모스크바 -중동 : 경찰들은 가족과 친구들이 놀란 가운데 러시아의 페테르스부르크 시의 결혼 계약 등록사무소를 나오던 신혼 부부를 납치한 한 남자로부터 그들을 구출하기 위해 어쩔 수 없이 무력을 행사해야 했다. 그로 인해 결혼 피로연의 흥이 깨지고 말았다. 수류탄으로 무장했던 그 남자는 누구라도 그에게 반항한다면 신혼 부부를 폭사시키겠다고 위협했다. 국회 의원이자 저명한 언론인인 알렉산더 니브주르프가 납치범과 벌인 협상끝에 테러범은 의원이 신혼 부부를 대신하는 것에 합의했다.

의원과 테러범을 태운 승용차가 그 도시에 해군기지가 있는 크루츠타드 교외로 향했을 때 거기에서 경찰들이 차를 멈추게 하고 납치범에게 자수할 것을 종용하자 납치범이 차창 너머로 수류탄을 그들에게 던졌는데 폭발하지 않았다. 그는 체포되어 자동차 유리 파편으로 머리에 입은 상처의 치료와 정신상태를 검사하기 위하여 병원으로 이송되었다.

아직까지도 테러범의 동기와 신혼 부부를 납치한 이유는 알려지지 않았다.

제4부 13과

احتراق طائرة في بوسطن

الدرس ١٣

بوسطن : شبّ حريق اليوم في طائرةِ ركّاب تابعةٍ لشركة الخطوط الجويّة العالميّة من طراز "جامبو" أَسْفَرَ عن إلحاق أضرار كبيرة في أجزائها دُونَ وقوع إصابات بالأرواحٍ

وكانت الطائرة الّتي يُقَدَّرُ ثمنُهَا باثنين وعشرين مليون دولار جاثمة في مطار لوكا في بوسطن وهي خالية من الركّاب عندما شبّ فيها الحريق الذي لم يَتَقَرَّرْ بعدُ أَسْبَابُه.

❀ 단어 · 숙어연구

احترق ، احتراق	(Ⅷ)불타다, 발화하다
شبّ ، شبوب	(화재나 전쟁 등이)발생하다, 발발하다
راكب (ج : ركّاب)	승객, 탑승자
تابع لـ ...	…에 소속한, 소속의
شركة الخطوط الجوّيّة	항공사
إلحاق	첨가, 합병
دون وقوع إصابات بالأرواح	인명 피해없이
جثم ، جثوم	착륙하다, (새가)앉다
خالٍ من ...	…이 없는 채로
تقرّر	(Ⅴ)결정되다, 판명되다, 밝혀지다
بَعْدُ	(과거부정과 함께 쓰여) 아직(도) …

◘ 구문연구

① ... أسفر عن 이하는 حريق 를 수식하는 절이다.

② جاثمةً 은 كانت 의 서술어

✲ 해석

<u>보스톤에서 비행기 화재</u>

보스톤 : 오늘 세계적인 항공사 소속 점보 여객기에서 인명피해는 없었지만 여객기 여러 부분에 큰 손실을 입힌 결과를 가져온 화재가 발생했다.

2천 2백만 달러로 추산되는 그 여객기는 보스톤 로카공항에 착륙하고 있던 중이었는데, 아직 원인이 밝혀지지 않은 그 화재가 발생했을 때 탑승객은 없었다.

제4부 14과

هِزَّتَانِ أرضيّتَانِ في جنوب شرق إيران

الدرس ١٤

ضربت هزّتان أرضيّتان صباحَ اليوم مدينةَ كرمسار الواقعةَ إلى الجنوب الشرقيّ من إيران. ولم يُعْطِ الراديو أيّةَ تفاصيلَ عن حجم الخسائر والأضرار الّتي أحدثتها الهزّتان.

단어 · 숙어연구

هَزّة	흔들림, 진동
هزة أرضيّة	지진, 〈비〉 زلزال
تفصيل (ج : تفاصيل)	상세한 내용, 세부사항
أعطى ، إعطاء	(Ⅳ)주다, 부여하다
خسارة (ج : خسائر)	손실, 손해, 피해
ضَرَر (ج : أضرار)	피해, 손상
أحْدَث	(Ⅳ)발생시키다, 초래하다

구문연구

① الواقعةَ 는 مدينة كرمسار 의 수식어

② أيّةَ تفاصيلَ 는 لم يعطِ 의 목적어이고 تفاصيلَ 은 연결형 제2요소이지만 2격명사이기에 ـَ 로 쓰였다.

✲ 해석

이란 남동부에 두차례의 지진

오늘 아침 두차례의 지진이 이란 남동부에 위치한 카르미사르 시를 강타했다. 라디오 방송은 이 두차례의 지진이 일으킨 손실과 피해규모에 대해선 아무런 세부사항도 전하지 않았다.

제4부 15과

خُطّة طوارئ في محافظة أسوان لمواجهة خطر السيول في السودان

الدرس ١٥

أعدّت سلطات محافظة أسوان المصريّة خطّة طوارئ لمواجهة احتمالات امتداد كارثة الأمطار والسيول الّتي تضرب السودان حاليّا إلى المحافظة المحاذية للحدود مع السودان.

❀ 단어 · 숙어연구

أعدّ	(Ⅳ)…을 준비하다, 마련하다
محافظة (ج : محافظات)	도, 주, 성
سُلْطَة (ج : سُلْطَات)	당국, 권력
طارئة (ج : طوارئ)	비상, 응급, 임시
احتمال	가능성
امتدّ إلى ... ، امتداد	(Ⅷ)…까지 펴지다, 확대되다
كارثة (ج : كوارث)	재난, 재해
سيل (ج : سُيُول)	홍수, 범람
محاذٍ	인근의, 인접한, 근처의
حدّ (ج : حدود)	선, 경계; (복)국경선

✻ 해석

수단의 홍수 위험에 대비한 아스완 주의 비상계획

이집트의 아스완 주 당국은 현재 수단을 강타하고 있는 폭우와 홍수와 대재해가 수단과 국경을 접하고 있는 주 지역까지 확대될 가능성에 대처한 비상계획을 마련했다.

제4부 16과

الفيضان يهدّد عاصمة المكسيك وإعصار (يني) يجتاح كوريا الجنوبيّة

الدرس ١٦

مكسيكو سيتي - وكالات الأنباء - لقي ٦ أشخاص مصرعهم أمس في انهيارات أرضية نتيجةً لاستمرار الأمطار الغزيرة في الهطول على عاصمة المكسيك ممّا يعرّض أجزاء كبيرة من المدينة لخطر الفيضان وموجة من الأمراض المعوية. ومن المتوقّع هطول مزيد من الأمطار الأشدّ من نوعها الّتي تشهدها البلاد منذ قرن.

وفي شمال كوريا الجنوبية، هطلت أمطار غزيرة ناتجة عن إعصار (يني) الاستوائيّ أمس، مماّ أدّى إلى فقد ٤ أشخاص ومن المتوقّع أن يزيد معدّلُ سقوط الأمطار قبل أنْ يتّجه الاعصار نحو بحر اليابان اليوم. في الوقت نفسه، ارتفع عدد ضحايا اعصار جورج الذي اجتاح منطقة الكاريبى وخليج المكسيك إلى ٤٠٠ قتيل. وقامت هيلارى كلينتون قرينة الرئيس الأمريكيّ برحلة قصيرة إلى المناطق المتضرّرة في بورتريكو، وأعلنت أنّ كلينتون أصدر قرارا بعمليات نقل جويّة يوميّة لتقديم مائتَيْ ألفِ جالون من الماء و٦٠ ألف كيلوجرام من الثلج، بالإضافة إلى ٣٩ مليون دولار للمساعدة في بناء ملاجيء مؤقّتة وإعادة تعمير المنازل الّتي دمّرها الإعصار.

🙾 단어 · 숙어연구

الفَيَضَان	홍수
هَدَّدَ، تَهْدِيد	(Ⅱ)위협하다
إعْصَار (ج : أعاصير)	태풍 (허리케인,토네이도)
اِجْتَاح ، اجتياح	일소하다, 휩쓸다, 강타하다
مَصْرَع	사망. 운명
لَقِيَ ... مصرعَه	…가 죽다, 운명을 맞았다
اِنْهَار، انهيار	붕괴하다, 무너지다
انهيار أرضيّ	지반침강
نَتِيجةً لـ = نتيجة (+연결형)	…의 결과
الأمْطَارُ الغَزِيرَة	폭우
هَطَلَ ـُ هطول	내리다, 떨어지다
عَرَّضَ A لخطر...	A가 …위험에 처하다 A를 …위험에 처하게 하다
مَوجة (ج : موجات، أمواج)	물결, 파도, 파장
الأمراض المِعَوِيَّة	장 질환
من المُتَوقّع أن	…라고 예상되다
شَهِدَ (ـَ)	보다. 목격하다
غزير	풍부한, 많, 다량의
نَاتِجٌ عن	… 의 결과
مُعَدَّل	평균
اتَّجَهَ إلى، اِتِّجاه	(Ⅷ)…로 향하다
قَتِيل	사망자
قَرِينَةٌ	배우자, 부인
قَامَ بِـ	…을 수행하다
إعَادَة تعمير	재건(설)
مَلْجَأ (ج : ملاجئ)	피안지, 대피소

◘ 구문연구

① الأشد من نوعها 와 الأمطار الأشدّ من نوعها الّتي تشهدها البلاد 에서 الأمطار를 수식하고 있다. ...التي تشهدها 의 구절은 둘다

② 영부인과 같은 공식명칭에 쓸때는 عقيلة الرئيس 를 쓰고, 일반적인 경우는 를 قرينة 를 쓴다.

✲ 해석

홍수가 멕시코 수도를 위협하고 태풍 예니가 한국을 강타하다.

멕시코 시티 - 어제 멕시코의 수도에 극심한 폭우가 계속적으로 내린데 따른 지반 침강(지반붕괴)로 말미암아 6명이 사망했고,이로인해 그도시의 대부분 지역이 홍수와 장 질환파동의 위험에 직면해 있다. 한세기 이래 그 국가에 내렸던 폭우류의 최대량이 쏟아질 것으로 예상되고 있다.

또한 한국의 북부지역에는 어제 열대성 태풍 예니의 결과로 많은 비가 쏟아져 내려 그로인해 4명이 실종되었으며, 오늘 태풍이 일본해 쪽으로 향하기 전에 평균 강수량을 넘어 설 것으로 예상된다. 이와 동시에 카리브와 멕시코만 지역을 강타한 태풍 조지의 희생자 수는 사망자 400명으로 늘어났다.

미 대통령 영부인 힐러리 클린턴은 프리토리코의 피해지역으로 단기간의 방문길에 올랐다. 그리고 힐러리 클린턴은 미 대통령 클린턴이 임시 대피소 설치와 태풍이 파괴해버린 주택들의 재건립을 위한 3천9백만 달러에 더하여 20만 겔론의 물과 6만 kg의 얼음을 제공하기 위해 번일 항공 수송작전을 하는 결정을 내놓았다고 선언했다.

제4부 17과

انتهاء الأزمة بين الحكومة التركيّة وجامعاتها

الدرس ١٧-١

أنقرة – رويتر – وكالة الصحافة الفرنسيّة : انْتَهَتْ اليومَ الأزمةُ الشديدةُ الّتي قامت منذ أسبوع في تركيا وجامعاتها بسبب القرار الّذي اتّخذته الحكومة التركيّة بطرد مائة وسبعة وأربعين أستاذا من أساتذة المعاهد والجامعات. وكانت الحكومة قد حذّرت منذ بعض الوقت وفي أفكثر من مناسبة جميع الجامعات والمعاهد التركيّة من خطر استمرار الوضع الّذي نشأ عن اشتراك عدد كبير من أساتذة الجامعات والمعاهد في المظاهرات والحملات وغيرها من الأعمال الّتي تقوم بها أحزابُ المعارضة ضِدَّ الحكومة.

단어・숙어연구

طَرْد	추방, 쫓아냄
معهد (ج معاهد)	연구소
حذَّرَ من ...	(Ⅱ)…에 대해 경고하다
كانت الحكومة قد حذّرت	정부는 경고한 바 있었다
أَزْمَة	위기, 갈등

구문연구

① مائة وسبعة وأربعين أستاذًا 에서 147 은 뒤에 오는 단어의 단수 성에 따라 숫자의 성이 달라진다. 즉 أستاذ가 남성형이기에 سبعة 로 쓰였다.
또 숫자뒤에 오는 أستاذًا 은 맨 끝의 숫자가 أربعين 이기 때문에 뒤에 단수 대격으로 쓰인다.

해석

터키 정부와 대학간의 위기종식

터어키 정부가 대학과 연구소의 147명 교수를 파면하기로 채택한 결정으로 인해, 일주일전부터 터키당국과 터키대학들 사이에서 발생했던 심각한 위기가 오늘 종식되었다. 정부는 얼마전부터 여러 차례에 걸쳐 터키의 모든 대학과 연구소에 정부에 반대하여 야당들이 벌이고 있는 시위나 비난 및 기타 활동에 대학과 연구소의 많은 교수들이 참여함으로써 야기된 지속적인 위험 상황을 경고한 바 있었다.

الدرس ١٧-٣

واتّهمت الحكومة عددا من هؤلاء الأساتذة باتّخاذ مواقفَ سياسيّةٍ عنيفةٍ ضدّ الحكومة. وقالت إنّها قد تقرّر طردهم من أعمالهم إذا رأت ذلك ضروريا أو إذا هم استمروا في حملاتهم ومواقفهم العنيفة. ولكن الحكومة أكّدت في الوقت نفسه أنها لا تنوي اتخاذ أي إجراء ضد الأساتذة الأتراك الذين يقفون إلى جانب المعارضة ولكنهم يمتنعون عن القيام بأعمال ضد الحكومة ولا يشنون حملات عليها داخل الجامعات والمعاهد.

단어・숙어연구

اتّهَمَ ... بـ ...	(Ⅷ)…을 ~의 혐의로 고발하다, 비난하다
إذا رأت ... الحكومة ضروريّاً	만약 정부가 …이(목적어)필요하다고 보면
امتنع عن ...	(Ⅷ)…을 그만두다, 삼가하다
شنّ حملاتٍ على ...	…에게 공격을 퍼붓다

구문연구

① باتّخاذِ مواقفَ سياسيّةٍ 에서 مواقف 는 2격 명사이기 때문에 연결형 제 2요소이지만 비한정 상태에서 ـَ 로 표현된다.

해석

정부는 많은 교수들이 정부에 반대하여 격렬한 정치적 태도를 취한 것을 비난했다. 그리고 정부는 파면이 꼭 필요하다고 생각되거나, 그들이 비판과 격렬한 입장을 계속 고수한다면 그들에 대한 파면을 결정할지 모른다고 말했다. 그러나 정부는 동시에, 야권에 동조하고 있으나 정부에 반대하는 활동을 중지하고, 대학과 연구소 내에서 정부에 대한 공격을 하지 않는 터키 교수들에 대해서는 어떠한 조치도 취할 의사가 없다고 강조했다.

الدرس ١٧-٣

وتُفيدُ الأنباء الواردة من المدن التركيّة أنّ جميع المعاهد والجامعات عادت وفتحت أبوابَهَا هذا الصباحَ بعد أن توقّفت الدراسةُ فيها مدّةَ أسبوعٍ. وكان كثيرٌ من الأساتذة قد أعربوا عن احتجاجهم الشديد على طرد زملائهم المئة والسبعة والأربعين وأعلنوا استقالتهم من أعمالهم وتوقّفوا عن العمل تضامنا مع زملائهم. ولكنّهم عادوا اليومَ إلى استئناف أعمالهم بعد أنْ سحبت الحكومة أخيرا قرارها الّذي يتعلّق بطرد الأساتذة وسمحت لهؤلاء بالعودة إلى أعمالهم. وهكذا عادت الحياة إلى المدارس والجامعات التركيّة وعاد الطلاب إلى الدراسة وانتهت الأزمة.

단어 · 숙어연구

أفاد أنّ ...	(Ⅳ)…라는 소식을 알리다, 전하다
الجامعات عادت وفتحت أبوابَها	대학들은 정상으로 돌아와 문을 열었다
احتجّ على ...	(Ⅷ)…에 항의하다, 항변하다, 대항하다
استقال من عمله	(Ⅹ)사임하다, 사퇴하다
تضامن مع ...	(Ⅵ)…와 단결, 결속하다
سحب قراره	그의 결정을 철회하다

구문연구

① هذا الصباحَ، مدّةَ أسبوع 는 부사이기에 대격으로 쓰인다.

② تضامنا مع ... 는 상태문 (حال) 이다.

✻ 해석

터키 도시로부터 들어온 소식들은 모든 대학과 연구소들이 일주일간 학업이 중단된 이후, 오늘 아침 정상으로 돌아와 문을 열었다고 전하고 있다. 많은 교수들이 147명의 동료교수을 파면한 것에 대해 격렬한 항의를 표명한 바 있으며 동료 교수들과 결속하기 위해 자신들의 사퇴를 선언하고 업무를 중단한 바 있었다. 그러나 그들은 정부가 마침내 교수 파면과 관련된 정부의 결정을 철회하고 이들에게 직장으로의 복귀를 허용한 이후, 오늘 자신들의 업무를 재개했다. 이렇게 하여 터키 학교와 대학가에 생기가 되돌아왔고 학생들은 학업으로 돌아와 위기는 종식되었다.

الدرس ١٧-٤

أصدر رئيس الجامعة اليومَ بيانا أعلن فيه قَبول استقالة خمسة من كبار الأساتذة كانوا قد اشتركوا في المظاهرات الّتي قام بها الطلاب قبل يومين احتجاجا على طرد أحد أساتذة التاريخ بسبب اتجاهاته السياسيّة وتصريحاته العنيفة ضدّ الحكومة. وكانت الجامعة قد اتّهمت هذا الأستاذ بالدعوة إلى الثورة وحذّرته من الاستمرار في الحملات العنيفة الّتي كان يشنّها على رجال الحكم والّتي كانت تنشرها له صحف المعارضة. وقد هدّدت الجامعة بالطرد عدّةَ مرّاتٍ.

⊛ 단어・숙어연구

قَبِلَ (ـَ) ، قَبُول	받아들이다, 수락하다
اتّجاه (ج : اتّجاهات)	방향 ; 성향, 노선, 경향
التصريحات العنيفة ضد الجكومة	강경한 반정부 발언, 격렬한 반정부 성명
الدعوة إلى الثورة	혁명촉구, 선동, 주창
صحيفة (ج : صُحُف)	신문

◘ 구문연구

① ...أعلن فيه قَبول 이하의 문장은 بيانًا 을 수식하는 절

✲ 해석

오늘 대학총장은 한 역사학과 교수의 정치성향과 과격한 반정부 발언으로 인한 파면에 항의하여 이틀전 학생들이 주도한 시위에 가담한 5명의 중진교수들의 사표수리를 알리는 한 성명서를 발표했다. 대학은 이미 이 교수의 혁명선동을 비난한 바 있었고 그가 위정자들에게 퍼붓고 야당지들이 게재했던 과격한 비난들을 계속하는 것에 대해 경고했었다. 그리고 대학측은 수 차례에 걸쳐 파면시킬 것라고 위협했었다.

الدرس ١٧-٥

ويقول البيان الذي أَصْدَرَهُ اليومَ رئيس الجامعة : إنّ الجامعة إذ تؤكّد احترامها لجميع أصحاب العقائد على اختلاف عقائدهم، وإذ تسمح للأساتذة والطلاب بالإعراب بكل حرية عن آرائهم السياسية، إلاّ أنّها لا ولن تسمح للأساتذة والطلاب بنقل الصراع العقائدي أو الصراع السياسي بين الأحزاب والكتل إلى داخل الجامعة ليصبح صراعا بين الأساتذة أنفسهم أو بين الطلاب، مما يهدّد مستقبل الجامعة ورسالتها.

❀ 단어·숙어연구

رئيس الجامعة	대학총장, عميد الكلية 학장
احترم ، احترام	(Ⅷ)존경하다, 존중하다
عقيدة (ج : عقائد)	신념; 신조; 주의, 교리, 이념
رسالة (ج : رسائل)	임무, 사명 ; 편지, 논문

◘ 구문연구

① 일반적으로 إِذْ는 다음 세가지 용법으로 쓰인다

a. 부사적 용법 (إذ الظرفيّة) ; '그때' 또는'그 곳에'로 해석

〈예〉 زرتُ صديقي إذ هو في بيته

b. 의외적 용법 إذ الفجائية; '갑자기'로 해석

〈예〉 بينما أنا أكتب إذ زارني زيدٌ

c. 원인용법 إذ التعليلية ; '때문에'로 해석

〈예〉 ضربتُ زيدا إذ سرق ,

본문에서의 إذ는 a번용례에 해당된다.

✲ 해석

오늘 대학총장이 발표한 성명서는 다음과 같이 밝히고 있다. 대학은 실로 각기 상이한 이념의 모든 이념 소유자들을 존중하는 곳이고 학생과 교수들에겐 그들의 정치적 견해를 모두 자유롭게 표현하는 것을 허용하는 곳입니다. 그러나 교수와 학생들이 정당과 계파들간의 이념분쟁이나 정치적 대립을 교내에 끌고 들어와 교수 혹은 학생사이에 분쟁이 되게 하고 그것으로 대학의 장래와 대학의 본분을 위협하는 것은 허용치 않고 앞으로도 결코 허용치 않을 것입니다.

제 5 부

الباب الخامس

제5부 1과

منظّمة الأمم المتّحدة

الدرس ١

أنشئت الأمم المتّحدة في السادس والعشرين من شهر حَزيرانَ سنة ١٩٤٥ . ففي ذلك اليوم وقّع ممثّلون عن خمسين دولةً على ميثاق هذه المنظّمة الدوليّة في سان فرنسيسكو بولاية كاليفورنيا . وفي الرابع والعشرين من شهر تشرينَ الأوّل من العام نفسِه صادقت حكومات الدول الأعضاء على هذا الميثاق فأصبح نافذَ المفعولِ . واليوم ، وبعد خمس وخمسين سنة ، أصبح عدد الدول الأعضاء في الأمم المتّحدة ١٨٨ دولةً .

❀ 단어 · 숙어연구

أنشأ ، إنشاء	(Ⅳ)세우다, 설립하다, 창설하다
حَزيرانُ	6월 يونيو
وقّع على ... ، توقيع	(Ⅱ)~에 서명하다, 조인하다
ميثاق (ج : مواثيق)	헌장
ولاية (ج : ولايات)	주, 도
تشرين الأول	10 월, أكتوبر
العام نفسه	동년, 같은해
صادق على ...	(Ⅲ)~에 동의하다, 승인하다
نافذ المفعول	효력있는, (법적)효과가 있는
〈비〉 جارى المَفْعُول، ساري المفعول	효력을 갖는

구문연구

① تشرين الأوّل 에서 تشرين 은 원래 아랍어가 아닌 다른 셈족 언어에서 들어온 외래어이기 때문에 한정으로 취급한다. 그래서 수식어에 정관사가 붙었다.

② أصبحَ نافذَ المفعولِ 에서 نافذ المفعولِ 은 연결형태를 취하는 형용사이기 때문에 نافذ 는 أصبح 뒤에는 대격이 되고 المفعولِ 는 항상 속격을 유지한다.

✲ 해석

국제 연합 기구

U.N은 1945년 6월 26일 창설되었다. 그날 50개국의 대표들이 캘리포니아주의 샌프란시스코에서 이 국제기구의 헌장에 조인하였다. 그리고 동년 10월 24일에는 회원국 정부들이 이 헌장을 승인함으로써 그 효력을 발하게 되었다. 그리고 55년이 지난 오늘날, U.N의 회원국 수는188개국이 되었다.

제5부 2과

عيد وفاء النيل

الدرس ٢

في صيف كلِّ عام، يَحْتَفِلُ المصريّون - قدماؤهم ومُحْدَثوهم - بعِيد وفاء النيل، نهرِهم الخالدِ الّذي وَهَبَهُمْ الأرضَ التي يعيشون عليها، ومهّد أمامهم سبيلَ الحياة، ومنحهم القدرة على إرساءِ أعظمِ حضارةٍ في تاريخ الإنسان.

단어 · 숙어연구

احتفل بـ ...	(Ⅷ)…을 경축하다, (의식, 축전을) 거행하다
قدماء ومحدَثون	고대인들과 현대인들
يوم وفاء النيل	나일강 범람일
خالد	영원한, 불멸의
وهب لـ ...	…에게 주다, 기증하다, 부여하다
مهّد ، تمهيد	(Ⅱ)포장하다; 준비하다, 마련하다
مهّد سبيل الحياة	삶의 길을 마련해 주다
منح ، مَنْح	…에게 …을 베풀다, 마련해 주다
قدرة على ...	…을 할 수 있는 능력
أرسى ، إرساء	(Ⅳ)(배를)닻으로 고정시키다, 단단히 고정시키다
حضارة	문명

구문연구

① مُحْدَث 는 현대사람, محدِّث 는 الحديث (하디스)를 전한 사람이라 뜻이기에 구분해서 사용한다.

해석

나일 범람제

매년 여름이면 이집트인들은 -고대인들이든 현대인들이든- '나일(Nile) 범람제'를 경축한다. 나일강은 그들이 살고 있는 대지를 주었고 그들 앞에 살 길을 제공하였으며, 인류사에 가장 위대한 문명의 닻을 내릴 수 있는 능력을 그들에게 부여해 준 그들의 불멸의 강이다.

الدراساتُ العلميّة للحملة الفرنسيّة على مصرَ

الدرس ٣

حين جاء نابليون بونابرت إلى مصرَ غازيًا، كان ينظر إليها باعتبار موقعها وأهميتها كجزء من إمبراطوريّة كان يحلم بها، ومع ذلك فقد اصْطَحَبَ في حملته إلى مصر ١٧٥ عالما، كانت مَهَمَّتهم دراسةَ مصرَ من أقصاها إلى أقصاها ومن جميع النواحي، سواءٌ ما تعلّق بالمصريين القدماء أو بالمصريّين اللّذين كانوا يعيشون في زمنه.

단어・숙어연구

غزا (ـُ)، غَزْو	침략하다
باعتبار	…로 간주하여, 고려하여
إمبراطوريّة	제국주의 국가, 제국주의
حَلَمَ بـ…	…을 꿈꾸다
اصطحب	(Ⅷ)…을 수행하다, …와 함께 가다
حملة	공격, 원정
مَهمّة (ج: مهامّ)	사명, 과제, 임무
من أقصاها إلى أقصاها	그것의 구석구석까지, 샅샅이, 끝에서 끝까지
ناحية (ج: نواحٍ)	방향, 방면
سواءٌ … أو …	…이든 …이든 모두
زمن (ج: أزمان)	시기, 시대

구문연구

① اصطحبه...١٧٥ عالمًا 에서 ١٧٥ 가 주어 접속 대명사 (ـه)인 나폴레옹이 목적어이다. 이때 عالمًا 으로 쓰인 تمييز 는 مائة وخمسة وسبعون (عالمًا)에서 맨끝에 쓰인 숫자에 따라 대격이 쓰인 것이다. 숫자 11 - 19 뒤에 오는 대격명사도 구별형 (التمييز)이라고 부른다.

② سواء ... أو... 에서 سواءٌ 은 مُتَسَاوٍ 의 의미로 서술어이고 관계 대명사 ما 이후가 주어이다.

③ كان يحلم به 는 إمبراطورية 를 수식하는 절

④ كانت مهمتهم ... 이하는 ١٧٥ عالمًا 을 수식하는 절이다.

✲ 해석

이집트에 대한 프랑스 원정대의 학술연구

나폴레옹 보나파르트가 이집트를 침략해 왔을때, 그는 이집트의 (지리적) 위치와 중요성을 고려하여 이집트를 그가 꿈꾸어 왔던 제국의 일부분으로 생각하고 있었다. 그런고로 그가 이집트를 공격하는데 175명의 학자들이 그와 동행했는데, 그들의 임무는 이집트인에 관련된 것이라면 고대 이집트인에 관련된 것이든 그 당시에 살던 이집트인에 관한 것이든 간에 끝에서 끝까지 모든 분야에 있어서 이집트를 연구하는 것이었다.

제5부 4과

حرّيّة الصحافة

الدرس ٤

ليست حرّيّة الصحافة وَقْفًا على فئة معيَّنة مِنَ الناس إنّها موضع اهتمام الجماهير على اختلاف فئاتها أو طبقاتها. وحرّيّة الصحافة هي محصلة من محصلات حرّيّة الاعتقاد.

❀ 단어·숙어연구

وَقْفًا على ...	…에 국한되는, 한정되는
فئة (ج : فئات)	그룹, 부류, 층, 일군

موضع اهتمام	관심의 대상
جمهور (ج : جماهير)	대중, 군중
محصلة (ج : محصلات)	결과, 수확물, 산물
اعتقد ، اعتقاد	(Ⅷ)믿다

✲ 해석

언론의 자유

언론의 자유란 특정 부류의 사람들에게 국한되어 있는 것이 아니다. 그것은 다양한 부류와 계층인 대중들의 관심사인 것이다. 언론의 자유는 바로 사고의 자유가 낳은 산물들 중의 하나이다.

제5부 5과

التقدّم الهائل في مجال الخدمات الصحفيّة

الدرس ٥

لو أُتيحَ للصحفيّين الّذين عَاصَرُوا نشأةَ الصحف أو ميلادها أنْ يَعُودُوا إلى الحياة اليومَ ويشهدوا التقدُّمَ الهائل الّذي حقّقته الصحفُ لَصَعُبَ عليهم أنْ يُصَدِّقُوا ما تراه عيونُهم. لقد اِتَّسَعَ مجالُ الخدمات الصحفيّة بحيث أصبح يشمل كلّ أوجُه النشاط الإنسانيّ.

✲ 단어 · 숙어연구

لو أُتيحَ ... لَصَعُبَ ...	만일 …할 기회가 주어진다 하더라도 …하기가 어려울 것이다
عاصر، معاصرة	(Ⅲ)…와 동시대에 속하다, 살다
نشأة	탄생, 태동, 설립

هائل　엄청난, 놀라운, 거대한
صدّق ، تصديق　(Ⅱ)…을 믿다, 사실로 여기다
اتّسع ، اتّساع　(Ⅷ)확대되다, 넓어지다
بحيث ...　…할 정도로

구문연구

① 수동태 أُتِيحَ 의 주어로 ... أن يعودوا إلى 이하의 문장이다.
② ...لَصَعُبَ عليهم أن 에서 لـَ 는 لو 로 시작되는 가정문에서 주절을 이끄는 말이다. 또 صَعُبَ의 주어는 أنْ 이하의 문장이다.

해석

언론 서비스 분야의 엄청난 발전

만일 신문의 출현이나 신문이 탄생했던 같은 동 시대에 살았던 언론인들에게 오늘날 그들이 환생하여 신문들이 이룩해 놓은 괄목할 만한 발전을 볼 수있는 기회가 부여된다면 그들은 자신들 눈으로 보는 것을 믿기 어려울 것이다. 언론서비스 분야는 인간활동의 모든 면을 포함하게 될 정도로 확대되었다.

제5부 6과

الدستور الأمريكيّ وحريّة الصحافة

الدرس ٦

يضمن الدستور الأمريكيّ في نصوصه حرّية الصحافة وحُرِّمَ على الكونجرس إصدارُ أيّةِ تشريعات تحد من هذه الحرّية أو تضع قيودا على حقّ الشعب في التمتّع بها. ولذلك فإنّ حرّية الصحافة في أمريكا لا تعني حقّ النشر بلا قيود ،

ولكنّها تعني حقّ الأفراد في أن يعلموا ويعرفوا.

❀ 단어・숙어연구

ضمّن، تضمين	(Ⅱ)포함시키다, 포함하다
دستور (ج: دساتيرُ)	헌법
حرّم على ...	(Ⅱ)…을 금지하다
الكونجرس	(미)의회
إصدار تشريعات	입법, 법률 제정
حدّ من ...	…을 방해하다, 저지하다
قيد (ج: قيود)	구속, 속박, 억류
وضع قيودا على ...	…에 대하여 속박하다
تمتّع بـ ...، تمتّع	(Ⅴ)…을 즐기다, 누리다
نَشْر	출판, 공표
فرد (ج: أفراد)	개인, 사람

✲ 해석

미헌법과 언론의 자유

미국 헌법은 그 본문에 언론의 자유를 담고 있다. 그리고 의회가 이러한 자유를 제한하거나 혹은 언론의 자유를 누릴 국민의 권리를 속박해놓는 어떤 법의 제정도 할 수 없게 금지하고 있다. 그러므로 미국에서 언론의 자유란 구속 없는 발표의 권리를 의미하는 것이 아니라 그것은 개개인들이 알고 깨달을 개인의 권리를 의미하는 것이다.

제5부 7과

السدّ العالي وآثار النوبة

الدرس ٧

عندما بدأ تنفيذ مشروع السدّ العالي في جمهوريّةِ مصرَ العربيّة أثبتت الدراسات أنّ منسوب مياه النيل سيرتفع وراء السدّ العالي إلى ارتفاع ٣٦ مترا مما سيُؤدِّي إلى غمر أراضي النوبة تحت مياه النيل مُكوِّنَةً أكبرَ بُحَيرة صناعيّة في العالم هي بحيرة ناصر، وتحت مياه هذه البحيرة ستغرق آثار النوبة التاريخيّة كلّها، تلك الآثار الّتي قالوا عنها إنّها إحدى الآثار العالميّة العظمى، فهناك ٢٠ معبدا تختلف في الحجم وفي الأهمّيّة الأثريّة والتاريخيّة ولكنّها تتّفق في شيء واحد هو جمالها. وهناك أيضا بقايا مدن أثريّة وبقايا قلاع مصريّة قديمة وآلاف المقابر الأثريّة الفنيّة الّتي تعود إلى عهود ما قبل التاريخ وإلى أيام الفراعنة.

단어 · 숙어연구

تنفيذ مشروع السدّ العالي	하이댐(High Dam)계획 실행
منسوب المياه	수위
النوبة	누비아(Nubia)
أثبت ، إثبات	(Ⅳ)증명하다, 입증하다, 보여주다
غمر الأراضي	침수, 수몰, 범람
بحيرة صناعيّة	인공호수
قالوا (عنها)	사람들이 말하기를, 소위
مَعْبَدٌ (ج : معابدُ)	신전, 사원, 절
بَقِيَّة (ج : بَقَايا)	나머지, 잔여
قَلْعَة (ج : قَلاعَ)	요새, 성채, 성곽
مَقْبَرَة (ج : مَقَابِرُ)	무덤, 묘, 매장지
فِرْعَوْن (ج : فَرَاعِنَة)	파라오

구문연구

① ... مكوِّنَةً أكبرَ ... 는 상태문 (حال) 으로 ... أكبر 이하는 목적어

② في شيء واحد 는 강조표현이다. 아랍어에서는 숫자1,2는 대부분 강조를 위해 쓰인다.

✲ 해석

하이댐과 누비아 유적

이집트 아랍공화국에서 하이댐 계획의 실행이 시작되었을 때, 여러 연구보고서들은 나일 강의 수위가 하이댐 뒤편으로 36m 높이 만큼 상승되는데 이로 인해 세계에서 가장 거대한 인공호수인 나세르 호수를 형성하면서 나일 강물 밑으로 누비아의 땅들을 수몰시키게 될 것이며, 그 호수의 물 속으로 세계에서 가장 위대한 유적중 하나로 일컬어지는 누비아의 모든 역사 유적이 잠기게 될것이라는 것을 증명했다. 그곳에는 규모와 역사적 · 유물적 중요성이 각기 다르지만 그것의 아름다움, 한가지에 있어서는 일치하고 있는 20개의 신전이 있다. 또한 그곳에는 시대가 기원전과 파라오 시대로 거슬러 올라가는 유적도시들의 잔재와 고대 이집트 요새의 흔적 그리고 수 천개의 예술적 · 유물적 무덤들이 있다.

제5부 8과

البربر

الدرس ٨

أطلق اليونان على طرابلس الغربِ، يومَ كانت تحت سيطرتهم، اسم "ليبيا" (لوبيا) أي بلاد البيض. وسمّوا ما يليها إلى الجنوب "إيثيوبيا" أي بِلادُ السود. وكانت رومة تُطلق اسمَ "إفريقيّة" على الجزء الشماليّ الشرقيّ من بلاد تونسَ. ثم أُطلق الاسمان أي ليبيا وإفريقيّة في أزمان مختلفة على الشمال الإفريقيّ كلّه. ثم لمّا استولى الرومان على هذه البلاد احتفظوا بالأسماء اليونانيّة، وزادوا عليها بأن سمّوا أهلَها "البرابرة" وهي كلمة لاتينيّة معناها "أعجميّ". وذلك لأنّ الرومان لم يفهموا لغات أهل الشمال الإفريقيّ فرموهم بالعجمة كما فعل العرب بغير

العرب يومَ استولوا على بلادهم وسَمُّوهم للسبب ذاته بالأعاجم.

단어・숙어연구

البربر	베르베르 족(Berbers)
بَرْبَرِيّ (ج : بَرَابِرَةٌ ، ـــون)	베르베르인
أطلق على ... اسم ـ	(Ⅳ)…을 …(이름)으로 부르다
طرابلس الغرب	(리비아의) 트리폴리
طرابلس الشام	(레바논의) 트리폴리
سمّى بـ ...	(Ⅱ)…라고 이름을 붙이다, 명명하다
ما يلي	다음에 오는 것, 계속되는 것
استولى على ...	(Ⅹ)…을 장악하다, 점유하다
احتفظ بـ ...	(Ⅷ)…을 유지하다, 간직하다, 지키다
أعجمي	비아랍의; 외국의; 비아랍인
رمى بـ ...	…라고 비난하다, 나무라다
عجمة	미개, 야만, 교양없음; (언어의)부정확함
أعجمُ (ج : أعاجمُ)	부정확한 아랍어를 말하는 사람, 비아랍인

구문연구

① يومَ كان تحت... 에서 كانت 이하는 يوم 을 수식하는 절이고 يومَ 는 부사다.

② 아랍어에서는 북쪽과 남쪽을 동쪽이나,서쪽 앞에 쓴다.

(예) الجزء الشماليّ الشرقيّ

✲ 해석

베르베르 족

그리스 인들은 트리폴리를 그들이 지배하고 있을 당시 이곳을 백색의 나라라는 의미로 ′리비아′(루비아)라고 불렀으며, 그 다음의 남쪽 지역에 대해서는 흑색의 나라라는 의미로 ″에티오피아″라 불렀다. 로마인들은 튀니스의 동북부 지역을 ″이프리끼야′라고 불렀다. 그후 리비아와 이프리끼야라는 두 명칭이 서로 다른 시기 동안에 아프리카 북부지역 전체를 통칭하게 되었다. 그러다가 로마인들이 이 나라를 장악했을 때, 그들은 그리스의 명칭들을 그대로 유지했으며, 여기에 이 지역 주민들을 가리켜 ″부정확한 말을 쓰는 사람″이라는 뜻의 라틴어 ″베르베르″라는 명칭을 덧붙였다. 그것은 로마인들이 아프리카 북부 주민들의 언어를 이해하지 못하고 그들을 부정확한 말을 쓴다고 비난했기 때문에 비롯된 것인데 이는 아랍인들이 비아랍인의 땅을 점령했을 때 바로 똑같은 이유로 그들을 가리켜 부정확한 아랍어를 쓰는 사람들이라고 부른 것과 동일하다.

제5부 9과

شعبة اللغة العربيّة ومنزلتها من اللغات الساميّة

الدرس ٩

تؤلّف اللغة العربيّة مع اللغات اليمنيّة القديمة واللغات الساميّة الحبشيّة شعبة لغويّة واحدة يطلق عليها اسم الشعبة الساميّة الجنوبيّة. وذلك أنّ صلات القرابة التي تربطها بهذين الفرعين أقوى كثيراً من صلات القرابة الّتي تربطها بشعبة اللغات الساميّة الشماليّة، كما يبدو ذلك من الموازنة بينها في أصول الكلمات والأصوات والقواعد. وتختلف هذه الفروعُ الثلاثةُ نفسُها في مبلغ قربها بعضها عن بعض. فصلة القرابة بين اللغات اليمنيّة القديمة واللغات الحبشيّة الساميّة أقوى كثيرا من صلة القرابة بين كلّ منهما واللغة العربيّة.

⌘ 단어 · 숙어연구

شعبة (ج : شُعَب ، شِعاب)	(나뭇)가지; 부문, 분과, 학과, 학문분야
منزلة	위치, 지위
ألّف ، تأليف	(Ⅱ)구성하다, 자술하다
أطلق عليه اسم ...	(Ⅳ)그에게 …라고 이름붙이다, 명명하다
صلات القرابة	친근관계, 친족관계
ربط ... بـ ـ	…을 …에 연결하다
ذلك أن ...	그것은 …때문이다
وازن ، موازنة	(Ⅲ)평형을 유지하다
أصل (ج : أصول)	근원, 기본; 원칙, 규칙
مبلغ قرب	유사 정도

◈ 구문연구

① اللغات السامية الحبشية 에서 보듯이 형용사는 먼저 큰것을 쓰고 나중에 작은것을 쓴다.

② تختلف هذه الفروع ... بعضها عن بعض 에서 بعضها 의 ها 는 الفروع 이고, 전치사 عن 은 تختلف 에 따라 오는 것이다.

✲ 해석

아랍어 동아리와 셈 어들에서의 그 위치

아랍어는 고대 예멘어와 셈어계의 아비시니아어와 함께 소위 남부 셈어군이라는 이름으로 불리는 하나의 어군을 구성하고 있다. 그것은 아랍어와 그 두 개의 언어를 연결시키는 친근관계가 단어, 음성, 문법규칙 면에서 그 언어들을 비교할 때 나타나는 바와 같이, 북부 셈어들과의 관계보다 훨씬 강하기 때문이다. 바로 이 3개의 하위 (갈래) 언어 도 친근정도에서는 서로 틀리다. 즉 고대 예멘어와 아비시니아 셈어 사이의 친근관계는 그 두언어와 아랍어와의 관계보다 훨씬 강하다.

제5부 10과

سكّر جديد يحافظ على الرشاقة !

الدرس ١٠

لندن - من عبد الله عبد السلام : ابتكر فريق من الباحثين، نوعا من سكّر البنجر غير القابل للهضم في الجسم، وبالتالي لايسبّب أيّ زيادةٍ في الوزن، ويتميّز بأنّه حلُو المذاقِ وخالٍ من السعراتِ الحرارية، ويمكن استخدامه في صناعة الحلويات. وصرح الدكتور اندريه كويز الباحث الهولندي ورئيس الفريق لصحيفة (الإندبندنت) البريطانيّة أمس، بأنّ الفريق استخدم جينات من الخرشوف في صناعة السكر الجديد، الّذي من المنتظر الحصول على أوّل إنتاج منه خلال الشهر الحالي، وأشار إلى أنّ هذاالسُّكّرَ في مرحلة التجارب، ولم يُستخدمْ بعدُ لأغراض تجاريّة. السكر الجديد سوف يحدث ثورة في عالم الريجيم والرشاقة والزراعة بعد نجاح تسويقه تجاريّا، كما سيقبل عليه محبّو تناول الحلويات الذين يَخْشَوْنَ من زيادة الوزن.

단어 · 숙어연구

سُكَّر	설탕
حَافِظَ على، مُحَافَظَة	유지하다
الرَّشَاقَة	체형, 몸매, 우아함
نَوْعٌ من ...	일종의 , …의 한종류
بَنْجَر ، بَنْجَر السكّر	무, 사탕무
تالٍ	다음의, 연속의
وبالتالي	그러므로, 따라서

بالتالي	연속으로
قَابِلٌ لـ ...	…할 수 있는
حُلُو	단, 달콤한
مَذَاق	맛
خَالٍ من	…이 없는
السُّعْرَات الحَرَارِيَّة	칼로리
لم يسبق مثيلٌ، ليس له مثيلٌ لا مثيلَ له	전례없는, 이례적인
صِنَاعَة الحلويات	제과산업
فريق، (ج : فرقاءُ ، أفرقة)	팀, 단체
جين، جينة	유전자
الخُروشُوف	이티쵸크(엉겅퀴과)
من المنتظَر أن ...	…로 예상되다.
حَصَلَ - ُ على ، حصول	얻다, 획득하다
أشَارَ إلى	(Ⅳ)지적하다
مَرْحَلَة ، مَرَاحِل	단계, 과정
تَجْرِبَة، (ج : تَجَارِبُ)	시험, 실험
لم - بعدُ	아직 …하지 않았다
أحْدَثَ الثَّوْرَة	(Ⅳ)혁신을 일으키다
الريجيم	다이어트
أقْبَلَ على ، إقْبَال	(Ⅳ)선호하다
مُحِبٌّ ،	애호가, 팬
خَشِيَ - من، خَشْيَة	두려워하다

구문연구

① ... خالٍ من 에서 خالٍ 은 خَلاَ 동사에서 파생된 능동분사형으로 정관사 가 붙으면 الخـــالي 로 원래의 ياء 가 살아난다. 이와같은 예를 다음 단어에서 볼수 있다.

ماضٍ - الماضي ، بَاقٍ - الباقي ،قاضٍ - القاضي، تالٍ - التالي،
قانٍ - القاني

② ... مُحِبُّو تناول "... 을 먹기 좋아하는 사람들" 이란 뜻으로 مُحِبٌّ 의 복수 مُحبّوب 가 연결형을 이루면서 نون 이 탈락된 것이다.

✲ 해석

새로운 설탕이 날씬한몸매를 유지시키다

런던-압둘라 압두 쌀람 : 한 연구팀이 체내에서 소화할 수 없는 일종의 사탕무를 발명했다. 그런데 이것은 체중을 조금도 늘리지 않고, 맛이 달고 칼로리가 없는 것이 특징이며, 제과 산업에 사용될 수도 있다. 네덜란드 연구원이며, 팀장인 안드레 쿠와이즈 박사는 어제 영국의 인디펜던트 지에 그 팀은 새로운 설탕 제조에 이티쵸크 (엉겅퀴과) 유전자를 사용하였고 이번달에 첫 생산을 할 것으로 예상하고 있다고 밝혔고, 이 설탕은 시험단계에 있으며, 상업목적을 위해서는 아직 사용되지 않았다고 지적했다. 새로운 설탕은 상업적 마켓팅에 성공을 거둔 후에는 다이어트와 우아한 몸매, 그리고 농업계에 일대 혁신을 가져올 것이며, 또한 체중 증가(비만)을 두려워하는 단과자 먹기를 즐기는 사람들이 그것을 선호할 것이다.

제5부 11과

١١ مليار نسمة عدد سكّان العالم عامَ ٢٠٥٠ !

الدرس ١١

لندن - وكالات الأنباء : حذّرت دراسة لصندوق السكّان العالميّ أمس، من أنّ الانفجار السكّانيّ سوف يستمرّ حتّى منتصف القرن المقبل على الأقلّ، وأنّ عدد السكّان سوف يتخطّى حاجز الستّة مليارات نسمة عامَ ٩٩، وسيصل إلى ما بين ٧,٧ و ١١,١ مليار بحلول عامَ ٢٠٥٠.

وأوضحت الدراسة أن التركيبة السكّانيّة سوف تتغيّر، حيث إنّ أكثر من مليار

شخص من الأجيال الشابّة الّذين تتراوح أعمارهم بين ١٥ و٢٤ عاما يدخلون سن الإنجاب بينما ستتزايد أعداد الذين تزيد أعمارهم على ٦٥ عاما بشكلٍ لم يسبق له مثيلٌ.

وأشارت إلى أنّ الدول النامية سوف تستأثر بنسبة ٩٠٪ من النمو السكّانيّ العالميّ خلال الأعوام الخمسين المقبلة، وعلى رأسها دول شرق آسيا، وستشهد هذه الدول خلال العقدين القادمين ازدياداً مؤقّتا في عدد مَنْ هُمْ في سنّ العمل، مقارنةً بأعداد مَنْ يعولونهم من الأكبر سنا والأصغر على السواء، مما سيتيح لهذه الدول فرصا لزيادة مواردها البشرية، وزيادة معدلات التنمية على المدى البعيد، في حالة استثمارها في التعليم، والخدمات الصحية.

֍ 단어・숙어연구

مِلْيار	10억
حَذَّرَ من ، تَحْذِير	(Ⅱ)경고하다
صُنْدُوقُ السُّكّانِ العَالَمِيّ	세계인구기금
اِنفَجَرَ، اِنْفِجَار	(Ⅶ)폭발하다
مُنْتَصِف	중간의, 중반의
على الأَقَلّ	최소한
تَخَطَّى (تَخَطٍ)	(Ⅴ)넘어서다, 초과하다
حَاجِزٌ	벽, 바리케이트
وَصَلَ إلى ما بين... و ...	…와 …사이에 이르다
بحلول	도래하여, 이르러, ~초에
التركيبة السكّانيّة	인구 구조
جِيل (ج : أجيال)	세대
تَرَاوَحَ (ما) بين... و...	(Ⅵ)…와 …를 오르내리다. 오가다
أَنْجَبَ ، إنجاب	(Ⅳ)출산하다
تَزَايَدَ	(Ⅵ)점증하다, 점점 늘어나다
عُمْر (ج : أَعْمَارٌ)	(Ⅹ)나이, 연령 연세
اِسْتَأْثر، استئثار	독점하다
عَدَدٌ (ج : أَعْداد)	수, 수량, 숫자

النُمُوُ السُكَاني العالميّ	세계 인구 성장
على رَأْسِهِ	선두로해서, 필두로
عَقْد	10년
مُقَارَنَةً بـ ...	…와 비교해서
عَالَ ـُـ ، عَوْلٌ	가족을 부양하다
الأَكْبَرُ سنّاً- الأصْغَرُ سنّاً	(최상급)최고령 연소자
أتاح لـ+ 사람 فرصة	…에게 기회를 부여하다
المَوَارِدُ البَشَرِيَة	인적자원
على المدى البعيد	장기간에
في حَالَةٍ	… 할 경우
اِسْتَثْمَرَ ، اِسْتِثْمَار	(Ⅹ)투자하다
عَلَّمَ ، تَعْلِيمٌ	(Ⅱ)교육시키다, 가르치다
خِدْمَة (ج : خِدْمَات)	써비스 용역
صِحِّيّ	보건의, 건강의
الخدمة الصحّيّة	보건 써비스

◘ 구문연구

① بشكل لم يسبق له مثيل 에서 لم يسبق له مثيل 이란 문장은 شكل 을 수식 하는 절이다.

② ... في عدد مَنْ في 에서 ... مَن في 이하는 عدد 에 연결된 상태이다.

✲ 해석

2050 년의 세계 인구 수 110 억

런던 통신사들 -세계 인구 기금의 한 연구는 어제 인구 폭발이 적어도 차세기 중반까지 계속될 것이며, 인구수는 1999년 60억의 벽을 넘어서 2050년 초에는 77억에서 111억사이에 이를 것이라고 경고했다. 이 연구는 앞으로 인구 구조가 변화하여 15세에서 24세사이에 든 젊은 세대 10억명 이상이 출산 연령에 들어갈 것이고 한편, 65세 이상의 숫자가 전례없이 점증할 것이라고 발표했다. 또한 이 연구는 동

아시아 국가들을 필두로한 개발 도상국들이 향후 50년 동안 세계 인구 증가율의 90%를 차지(독점) 할것이며 비교해 볼때, 또 이런나라들에서는 향후 20년간 최고령자들과 최연소자 가족들을 똑같이 부양하는 사람들의 숫자와 비교해서 노동 연령에 있는 사람의 수가 일시적으로 늘어남을 보게 될것이라고 지적하였다.

그리고 이들 국가들이 교육과 보건서비스에 투자를 할 경우, 이들국가들에게는 인적자원들을 증가시키고 장기간 동안의 개발률들을 증가시킬 수 있는 기회가 부여될 것이다.

제5부 12과

في دراسة دوليّة :
الدنمارك أقلّ الدول فساداً والكاميرون أكثرها

الدرس ١٢

واشنطن- : في دراسة أجرتها المنظّمة الدوليّة للشفافيّة في مدينة برلين، وشملت ٨٥ دولة، اتّضح أنّ الدنمارك هي أقلّ دول العالم فسادا، وجاءت الولايات المتّحدة في المركز الـ ١٧، وتتساوى معها في الترتيب النمسا، أمّا أكثر دول العالم فسادا - كما أوضحت الدراسة - فهي الكاميرون.

وبيّنت الدراسة - الّتى أجريت بين رجال الأعمال والخبراء، وتهدف إلى تعريف الشعوب بأضرار الفساد والرشوة على التنمية - أنّ الدول التالية للدنمارك في ندرة الفساد هى : فنلندا، والسويد، ونيوزيلندا، وأيسلندا، وكندا. أمّا الدول الأكثر فسادا في العالم بعد الكاميرون فهي باراجواي، ثم هندوراس، وتنزانيا، ونيجيريا. ولم تشمل الدراسة حوالي نصف دول العالم بسبب عدم توافر معلومات كافيّة عنها.

وقالت الدراسة إنّ الصين- على سبيل المثال- تحسن وضعها في العام الحالي، حيث نالت ٣,٥ نقطة من عشر نقاط، في حين لم تحصل إلا على ٢,٨ نقطة في العام الماضي.

단어 · 숙어연구

شَفَافِيَّة	투명성
فَسَاد	부정, 부패, 변질, 타락
اِتَّضَحَ ، اِتِّضَاح	(Ⅷ)해명되다. 밝혀지다
شَمَلَ (ـُ) شَمْلٌ، شُمُولٌ	포함되다, 포괄하다
تَسَاوَى	(Ⅵ)동등, 평등하다
رِشْوَة (ج : رُشًى)	뇌물, 매수
نَدْرَةٌ	드문 것, 희귀한 것
تَعْرِيف	알리는 것, 소개
تَوَافَرَ	존재하다 (في), 풍부하다
نُقْطَة (ج : نُقَطٌ، نِقَاطٌ)	(점수의)점, 지점, 조항

구문연구

① أقل الدول فساداً 에서 فساداً 은 التمييز 로 가장 부패한 국가를 말한다.

② أما 라는 강조 표현은 뒤에 호응하는 (ف) الفاء 가 반드시 온다.

해석

국제조사 에서 :
가장 덜 부패한 덴마크, 가장 부패한 카메룬

워싱턴 : 85개국을 대상으로 베를린시 소재 국제 투명성 기구가 실시한 한 조사에서 덴마크가 세계의 가장 덜 부패한 국가로 밝혀졌으며, 미국은 17위를 차지했고, 오스트리아가 미국과 공동순위에 올랐다. 한편 세계에서 가장 부패한 국가는 -조사에서 밝혀졌듯이 - 카메룬이다.

사업가와 전문가를 상대로 실시되었고, 국민들에게 부정부패와 뇌물이 (국가)발전에 미치는 폐해를 인식시키는 것을 목적으로 한 이번 조사는 덴마크에 뒤이어 덜 부패한 국가가 : 핀란드, 스웨덴, 뉴질랜드, 아일랜드, 캐나다 라고 밝혔다. 세계에서 카메룬에 이어 가장 부패한

국가에는 파라과이, 다음은 온두라스, 탄자니아, 나이지리아가 있다. 이조사는 부정 부패에 관한 불충분하고 많지 않은 자료들로 인해 전 세계의 약 절반의 국가 밖에 포함하지 못했다.

그리고 그 조사는 한 예로써 중국은 10점 중에 작년에 2.8점밖에 얻지 못했던데 것에 비해 3.5 점을 얻어 올해에는 상황이 호전되었다고 밝혔다.

제5부 13과

غراف تفكرّ بالاعتزال لاتّهامها بالتهرّب من الضرائب

الدرس ١٣

بون – أ. ف. ب : ذكرت صحيفة "در شبيجل" الألمانيّة الواسعة الانتشار في عددها الّذي سيصدر يومَ غدٍ الاثنينِ أنّ نجمةَ كرّة المِضْرَب الألمانيّة شتيفي غراف المصنفة الأولى عالميًا تفكرّ في الاعتزال بعدما وُجِّهَتْ إليها تهمةُ التهرب من دفع الضرائب. وأشارت الصحيفة نقلا عن أصدقاء مقرَّبين من غراف أن النجمة الألمانيّة تفكرّ حاليا في الاعتزال جديا أكثرَ من أيّ وقت مَضَى. وذكرت الصحيفة أن غراف قد تعتزل في الأسابيع المقبِلة أو بعد مشاركتها في بطولة فلاشينج ميدو الأمريكيّة في نهاية أغسطس (آب) المقبِل.

단어 · 숙어연구

اعتزل ، اعتزال	(Ⅷ)은퇴하다, 고립시키다
نجم (ج : نجوم ، أنجُم)	별, (유명한)스타
كرّة المِضْرَب	테니스
وجّه عليه تُهْمَةً (وهم)	(Ⅱ)혐의를 두다.
تهرّب من ...	(Ⅴ)(의무 따위를)회피하다
نقلاً عن ...	…의 말을 인용하여
مصنّف	분류된
مقرّب	가까운 지인, 친숙한

مقبِل	다가오는
أكثر مِن أيّ وقت مضى	지난 과거 어느 때보다
بطولة	선수권, 선수권 대회

구문연구

① يومَ غدٍ 과 الاثنينِ는 동격. 즉 "월요일인 내일"

해석

그라프, 탈세혐의로 은퇴를 고려하다

본 - A.F.P. : 독일의 대중신문인 '데어 슈피겔'지는 내일 월요일자로 발간될 호에서 테니스 세계랭킹 여성 1위인 독일의 테니스 스타 슈테피 그라프가 탈세혐의를 받게된 후 은퇴를 고려하고 있다고 보도했다. 그 신문은 그라프와 가까운 친구들의 말을 인용하여 이 독일의 테니스 스타가 과거 어느 때보다도 진지하게 은퇴를 현재 고려중임을 시사하였다. 그 신문은 그라프가 오는 수주일내에 아니면 다가오는 8월말 미국의 플라싱-메도 선수권 대회에 참가한 후 은퇴할지 모른다고 언급했다.

제5부 14과

اتّهام شركة "ديزني" بإنتاج أفلام ذات إيحاءات جنسيّة

الدرس ١٤

واشنطون – رويتر : اتّهمت جماعة مسيحيّة مقرّها في فرجينيا شركة "ديزني" المصمِّمة "بامبي وميكي ماوس" بأنها تنتج أفلام رسوم متحركة تبث إيحاءات جنسيّة.

وقالت رابطة "أمريكان لايف ليج" وهي جماعة مناهضة للإجهاض والتي

تضمّ ٨٠٠ ألف عضو إنّ أفلام ديزني للرسوم المتحرّكة مليئة بمحتوى جنسيّ، واتّهمت العِمْلاق الإعلاميّ أنّه يروّج أفلاما رخيصة على أنّها وسائل ترفيه.

❀ 단어・숙어연구

إيحاء (ج : إيحاءات)	암시, 시사
اتّهم ، اتّهام	(Ⅷ)기소하다; 비난하다
رسوم متحرّكة	만화
بَثّ ، بَثّ	퍼뜨리다, 뿌리다; 내보내다(방송, TV)
بثّ مُبَاشِر	생중계
ناهض ، مناهضة	저항하다, 반대하다
إجهاض	낙태, 유산
مليئ بـ ...	…로 가득찬
محتوى (ج : محتويات)	내용(물)
عِمْلاق (ج : عمالقة)	거인; 거대한
على أن ..	…임에도 불구하고 , 그러나
روّج ، ترويج	(Ⅱ)유포시키다, 퍼뜨리다
وسائل ترفيه	오락수단

◈ 구문연구

① بامبي وميكي ماوس 에서 المصمّمة بامبي وميكي ماوس 는 المصمّمة 의 목적어

✲ 해석

디즈니사, 성적인 암시를 띈 영화제작으로 비난받다

워싱턴 - 로이터 : 버지니아에 본부를 두고 있는 한 기독교 단체는 '밤비와 미키 마우스'를 디자인한 디즈니사가 성적인 암시를 퍼뜨리는 만화영화를 제작하고 있다고 비난했다.

낙태를 반대하는 단체이며 80만명의 회원이 가입하고 있는 아메리칸 라이프 리그(American Life League)는 디즈니사의 만화영화가 성적인 내용으로 가득차 있다고 말했으며, 그 거대한 공보매체가 오락수단임에도 불구하고 값싼 영화들을 유포시키고 있다고 비난했다.

제5부 15과

في أوّل رحلة منذ التقسيم من ٥٠ عاما
كوريون جنوبيون يبدأون أوّل رحلة سياحية للشمال

الدرس ١٥

دونجهاى - رويتر : بدأ أمس الأوّل فوج سياحي من كوريا الجنوبيّة يزور كوريا الشّماليّة رحلته عبر آخرِ جبهات الحرب الباردة متحديًا برودة الجو وفتور الاستقبال. ولوّح الكوريّون الجنوبيّون على متن سفينة سياحيّة لمئات الواقفين لوداعهم بميناء دونجهاي الشماليّ الشرقيّ بادئِينَ رحلةً تستمرّ ٨٥ ساعةً.

ويتوجّه ٧٨٠ سائحًا و ٢٠٠ صحفيّ بالإضافة إلى ٥٣٢ من طاقم السفينة إلى جبال (الأفاس) عبر الحدود مباشرة داخل كوريا الشماليّة .

وقالت سيو سان أوك (٦٣ عاما) الّتى غادرت كوريا الشماليّة إلى الجنوب خلال الحرب الكوريّة وهى في الثامنة من عمرها : " اشعر بسعادة غامرة ".

والجبال هى تقريبا كلُّ ما سيراه السائحون في أوّل رحلة منظّمة للشمال منذ تقسيم شبه الجزيرة الكوريّة قبل نحو ٥٠ عاما.

ووضعت كوريا الشماليّة قائمةً طويلةً من القواعد لهذه الرحلة منها أن السيّاح غير مسموح لهم بالتحدّث إلى مواطني كوريا الشماليّة او تصويرهم وعليهم ألا يفعلوا أو يقولوا شيئا من شأنه الإساءة للحكومة. وأهمّ قاعدة أنّه لايحقّ لأي منهم الانفصال عن المجموعة، وليس هناك تجهيزاتُ سياحيةُ في الشمال لذلك ستَبِيتُ المجموعة على متن السفينة الّتى تقلها.

ورغم ذلك دفع السائحون الأوائل ٢٥٣٠ دولاراً لمشاهدة قمم الجبال على الساحل الشرقيّ لكوريا الشماليّة. ومن المقرّر أنْ تعود الرحلة يومَ الأحد المقبل. وقالت

تشو يونج راي (٧٥ عاما) الّتي ترافق ولديها في الرحلة إنّني متحمسة للغاية لكنّني حزينة لأنّنى لن اتمكن من رؤية بلدتي وقال ابنها : تَكْلِفَةُ الرِّحْلَةِ عالية. اتمنّى أن يخفض السعر في المرات القادمة حتى يتمكن كل من يريد الذهاب من الاشتراك فيها.

❁ 단어 · 숙어연구

فَوْج (ج : أفْوَاج)	그룹, 조직
فَتَرَ - فُتُور	허약해지다. 식다
تَحَدَّى	(Ⅴ)도발, 도전하다, 경쟁하다
لَوَّحَ ، تَلْوِيحٌ	(Ⅱ)흔들다. 내젓다; 신호하다
طَاقِمٌ (ج : طَوَاقِمُ)	승무원
غَامِرٌ	풍부한, 차넘치는
	(땅이)황폐한
سَيَّرَ ، تَسْيِيرٌ	(Ⅱ)(기계)를 움직이다, 진행하다
إسَاءَة	해끼치는 것; 모욕, 모독
مُوَاطِنٌ	동포, 국민
عَبْرَ	…을 통하여, …을 걸쳐
قَسَّمَ، تَقْسِيمٌ	(Ⅱ)나누다. 분배하다
بَاتَ (ـِ) ، مَبِيت	숙박하다, 밤을 지내다
قِمَّةٌ (ج : قِمَمٌ)	꼭대기. 상층
مُتَحَمِّسٌ	열렬한, 흥분된
خَفَضَ (ـِ) ، خَفْضٌ	(가격)낮추다, 내리다
تَمَكَّنَ من	(Ⅴ)…할 수 있다, 가능하다
اِشْتَرَكَ في	(Ⅷ)참가하다, 가담하다, 가입하다, 신청하다, 예약하다
من الْمُقَرَّرِ أن	…할 예정이다
رَافَقَ ، مُرَافَقَة	동행하다
جَبَلٌ (ج : جِبَالٌ)	산, 산악
سَمَحَ (ـَ)، سَمَاحٌ لـ ... بـ ...	허락하다, 허용하다

◘ 구문연구

① الشمالي الشرقي 북동쪽에서 보듯이 아랍어에서는 북쪽과 남쪽을 먼저 쓰고 동,서쪽을 뒤에 쓴다.

② ...بادئين رحلةً تستمر 에서 بادئين 는 상태문(الحال) 이며 رحلة 는 بادئين의 목적어, تستمرّ 이후의 절은 رحلة 를 꾸미는 수식절이다. 즉 ″ … 걸리는 (지속되는) 여행을 시작하면서 … ″의 뜻이다. إلى مواطني كوريا الشماليّة 에서는 연결형이기 때문에 مواطنين 에서 نون 이 생략되었다.

✻ 해석

분단 50년 이래 첫관광
한국인들, 첫 북한 관광 시작하다

동해 - 로이터: 북한을 방문하는 한국 관광 그룹이 그저께 냉냉한 분위기와 비환영에 도전하면서 냉전의 최전선을 통과하며 여행을 시작했다. 관광 유람선상의 한국인들은 85시간이 소요되는 여행을 시작하면서 동북쪽 동해항에서 자신들을 배웅하기 위해 서있는 수백명의 사람들에게 손을 흔들었다. 780명의 관광객과 200명의 기자, 또한 532명의 승무원이 북한내 국경선을 직접 통과해 금강산으로 향한다.

한국 전쟁 당시 8세의 나이로 북한을 떠나 월남한 서산옥(63세)여사는 ″정말 행복하다″라고 말했다. 금강산은 한국관광객들이 한반도 분단 약 50년 이래 첫 북한 기획 관광에서 보게될 것의 거의 전부이다. 북한은 이 여행을 위한 규칙의 긴 목록을 만들었는데 그중에는 관광객이 북한 주민과 대화나 혹은 사진 촬영을 하는 것을 허용하지 않고 북한정부를 모욕하는 어떠한 행동이나 말을 해서는 안된다는 것이 들어 있다. 가장 중요한 규칙은 어떠한 누구도 그룹에서 이탈해서는 안된다는 것이다. 북한에는 관광 시설이 마련되어 있지 않기 때문에 관광그룹은 그들을 운송했던 그 유람선에서 숙박할 것이다.

그럼에도 불구하고, 첫 관광객들은 북한 동쪽해안의 산 정상을 구경하기 위해 2530달러를 지불했다. 그여행그룹은 오는 일요일에 돌아올 예정이다. 이번 여행에 두 아들과 동행한 조영래 (75세)여사는 "나는 정말 흥분되어 있지만 내 고향을 볼 수 없어 슬프다." 라고 말했다. 또한 그녀의 아들은 "여행비가 비싸다. 다음번에는 그 가격이 내려서 북한에 가기를 바라는 모든 사람들이 여행을 함께 할 수 있기를 바란다."고 말했다.

제5부 16과

كلمة الترحيب

الدرس ١٦-١

بسم الله الرحمن الرحيم

السيّد الأستاذ الدكتور رئيس جامعة الأزهر

أيُّها الإخوةُ المسلمون الأعزّاءُ ... إنني أقدِّم لكم حزيلَ الشكرِ لحضوركم افتتاحَ هذا المعرِضِ الإسلاميّ، وأرحِّب بكم من كلّ قلبي نيابةً عن حكومة جمهوريةِ كوريا.

إن الإسلام في كوريا قد بدأ انتشارُه حديثًا قبل ثلاثين عامًا تقريبا. وكان ذلك على أيدي الجنود الأتراك المسلمين الذين شاركوا في الحرب الكوريّة كإحدى القوات المرسَلة من الأمم المتّحدة.

단어 · 숙어연구

أخ (ج : إخوة ، إخوان)	형제
جزيل	풍부한, 많은
افتتح ، افتتاح	(Ⅷ)개막하다
رحّب ، ترحيب	(Ⅱ)환영하다
المعرض الإسلامي	이슬람 전시회
نيابةً عن ...	…을 대신하여
الأمم المتحدة	국제 연합(United Nations)
الحرب الكورية	한국전

على أيدي ... …의 손으로, 도움으로

⬖ 구문연구

① ...هذا افتتاحَ لحضوركم افتتاح 에서 افتتاح 는 حضور 의 목적어이다
② إن الإسلام في كوريا قد بدأ انتشاره 에서 انتشاره 는 بدأ의 주어로 قد بدأ انتشاره 는 الإسلام 의 서술어이다.

✲ 해석

환영사

자비롭고 자애로운 알라의 이름으로
(존경하는) 아즈하르 대학교 총장님, 그리고 친애하는 무슬림 형제 여러분! 본인은 이번 이슬람 전시회 개막식에 참석해 주신 여러분들께 깊은 감사를 드리며, 대한민국 정부를 대신하여 진심으로 여러분들을 환영하는 바입니다.
한국에서 이슬람의 전파는 최근에는 약 30 년전 시작되었습니다. 그것은 유엔 파견군의 일원으로 한국전에 참전했던 터어키 무슬림 병사들의 손에 의한 것이었습니다.

الدرس ١٦-٢

واليــومَ يمكن لســيــادتكم أن تروا في هذا المعــرِض صــورا لِملامح الحــيــاة الإسلاميّة، والنشاط المتواصل لمسلمي كوريا من أجل انتشار الإسلام هناك.
فهذه الجهود طوَّرَتْ الإسلام في كوريا تطوّيراً سريعاً وملحوظا، وازداد عددُ المسلمين زيادةً كبيرة نسبيًا في فترة قصيرة. فقد أنشأ المسلمون الكوريّون عامَ ١٩٧٦م مركزا إسلاميّا كبيرا في العاصمة سيول ثمّ تلا ذلك إنشاء مسجدين في مدينتَيْ بوسان وكوانغجو، بالإضافة إلى ذلك - وممّا يَزيد من دواعي سروري - أنّهم سينشؤون كليّة إسلاميّة كبيرة في كوريا قريبا.

단어 · 숙어연구

ملامح	(복수)생김새, 모습, 용모
متواصل	부단한, 끊임없는
جهد (ج : جهود)	노력
ملحوظ	괄목할 만한
تلا (ـُ) ، تُلُوّ	뒤따르다
نسبيّ	상대적인
داعية (ج : دواعٍ)	원인, 동기
طوّر ، تطوير	(Ⅱ)발전시키다, 개발하다
زاد ... زيادة كبيرة	아주 많이 증가하다
بالإضافة إلى ذلك	게다가, 그 외에도
ممّا يزيد من دواعي سروري	본인(저)을 더욱 기쁘게 하는 것은
كليّة	대학, 학부, 단과대학

구문연구

① 남성 규칙 쌍,복수가 연결형 제 1요소에 오면 النون (ن)이 탈락된다.
(예) لمسلمي كوريا في مدينتي بوسان وكوانغجوه

② تطوراً سريعًا / زيادةً كبيرة 은 절대목적어이다.

③ مما يزيد من دواعي سروري 에서 دواعي سروري 는 의미상의 목적어로 앞에 من 이 와서 속격으로 쓰인 것이다.

해석

오늘 여러분들은 이번 전시회에서 한국 무슬림의 생활 모습과 이슬람 전파를 위한 한국 무슬림들의 부단한 활동을 보실 수 있습니다.

이러한 노력으로 한국에서의 이슬람은 빠르고 눈부시게 발전하였고, 무슬림의 수 또한 짧은 기간에 비해 크게 증가하였습니다. 또한 1976년에 한국 무슬림들은 수도 서울에 큰 이슬람 센터를 설립하였고, 뒤 이어 부산과 광주 두도시에도 두 성원이 건립되었습니다. 게다가 우리를 더욱 기쁘게 하는 것은 그들이 조만간 한국에 큰 규모의 이슬람 대학을 설립할 것이라는 사실입니다.

الدرس ١٦-٣

إنَّ القانون الكوريَّ يضمن الحريّة الدينيّة، والحكومة أيضا تشجِّع العقيدة السليمة، ففي كوريا توجد البوذيّة والكونفوشيوسيّة والمسيحيّة وغيرُها من الديانات، ونتيجةً لنشاط مسلمي كوريا المتزايد داخليًا وخارجيًا فإنّهم نالوا التأييد والمساعدة من الدول الإسلاميّة بالإضافة إلى تطوّر العَلاقات الطيبة مع الدول العربية.

وقد حصل المسلمون في كوريا على مساعدة الحكومة الكوريّة ومساندتها لهم ، كما أنّ حكومة كوريا أعلنت عن نِيّتها الاستمرار في مساعدتهم مستقبلا، حيث إنّ جهود الحكومة الكوريّة تسهم في تقويّة العلاقات الودِّيَة بين كوريا والدول العربيّة والإسلاميّة وإنّني أشكر الله تعالى.

단어 · 숙어연구

ضَمِنَ (ـَ) ، ضمان	보장하다, 보증하다
الحريّة الدينيّة	종교의 자유
عقيدة (ج : عقائد)	신념, 신조, 교의, 교리
سليم	건전한, 정상적인
البوذيّة	불교
الكونفوشيوسيّة	유교
المسيحيّة	기독교
ديانة (ج : ديانات)	종교
نتيجةً لـ ...	…의 결과로써
نال (ـَ) ، نيل	얻다, 획득하다
حيث إن ...	…하므로 …하다 그러므로 …하다
العلاقة الودِّيَة	우호(선린) 관계
أيّد ، تأييد	(Ⅱ)지지하다
ساند ، مساندة	(Ⅲ)돕다, 원조하다
أسهم في ...	(Ⅳ)…에 참여하다, 기여하다
اللّه تعالى	지고하신 하나님

◘ 구문연구

① .... من غيرها وغيرها المسيحيّة.. 에서 غيرها 는 앞에 여성형이나 여러개가 왔을때 쓴다. 앞에 남성형 한 개가 오면 ... من غيره 으로 2개가 왔으면 ...من غيرهما 으로 쓴다.

② اللّه تَعَالَى 에서의 تعالى 는 완료동사형으로 기원의 표현이다. 기원문은 보통 완료형 동사로 표현된다. (예) 죽은 인물뒤에는 보통 رَحِمَهُ اللّه 라고 말하고 알라뒤에는 اللّه عزّوجلّ 라고 붙여 말한다.

✻ 해석

한국의 법은 종교의 자유를 보장하고 있고 한국 정부 역시 건전한 신앙을 장려하고 있습니다. 그래서 한국에는 불교, 유교, 기독교 그리고 그밖의 다른 종교들이 있습니다. 그리고 국내외로 증가하는 한국 무슬림들의 활동으로 인해 그들은 아랍 국가들과의 선린 관계의 발전뿐만 아니라 이슬람 국가들로부터 지지와 도움을 받았습니다.

한국의 무슬림들은 한국 정부로부터 원조와 지원을 받았으며, 또한 한국 정부는 앞으로도 그들을 계속 돕겠다는 의지를 발표하였습니다. 한국 정부의 이러한 노력은 한국과 아랍, 이슬람 국가들간 우호 관계 강화에 기여할 것이므로 본인은 지고하신 알라께 감사드립니다.

الدرس ١٦-٤

كما تعرف سيادتكم أنّ العلاقاتِ بين حكومة كوريا الحكومات الإسلاميّة والعربيّة كافةً في ميدان التعاون السياسيّ والاقتصاديّ والتكنولوجيّ أمتن وأوثق ممّا كانت عليه.

وإذا كان التجّار العرب قد وصلوا إلى كوريا في القرن الحادي عشر الميلاديّ فإنّنا الآنَ نجد عددا كبيرا من الفَنّيّين الكوريّين قد وصلوا إلى بلاد العرب وشاركوا في مشاريع التنميّة في الشرق الأوسط. وعرفنا بأنّ كثيرا من هؤلاء الفنّيّين والعمّال الكوريين قد دخلوا الإسلام، وأنّ عددهم يتزايد باستمرار وهذا دليل يبيّن تماسك العلاقات بين كوريا والدول الإسلاميّة على أساس الدين الإسلاميّ العظيم.

❀ 단어 · 숙어연구

تاجر (ج : تجار)	상인
قرن (ج : قرون)	세기
فنّيّ	예술가, 기술자
مَتين	보다 견고한, 보다 단단한
دليل (ج : دلائل، أدلة)	증거, 징표
بيّن ، تبيين	(Ⅱ)밝혀주다, 분명하게 하다
على أساس ...	…에 기초하여, 입각하여

◘ 구문연구

① مما كانت عليه 는 من + ما كانت عليه 의 표현이고, عليه 의 هـ 는 관계 대명사 ما 를 받는 말이고 ما كانت عليه 는 "과거의 상태"를 표시한다..

② وأنّ عددَهم... 의 أنّ은 عرفنا بأنّ 에 연결된 것이다.

✲ 해석

여러분들께서 아시는 바와 같이 정치, 경제, 기술 협력 부문에서 한국과 모든 아랍 · 이슬람 국가들과의 관계는 전보다 더 공고하고 돈독합니다.

11세기에 아랍 상인들이 한국에 왔었던 반면 현재는 많은 한국 기술자들이 아랍국가에 도착해서 중동의 개발사업들에 참여하고 있는 것을 우리는 볼수 있습니다. 그리고 우리는 그 기술자와 근로자들 중 많은 사람들이 이슬람에 입교하였으며, 그들의 숫자가 지속적으로 증가하고 있음을 알고 있습니다. 이것은 이슬람교를 바탕으로 한국과 이슬람 국가들간의 관계가 견고하게 맺어졌슴을 명백히 보여주는 증거입니다.

الدرس ١٦-5

إنّني أعتقد أنّ افتتاحَ هذا المعرِضِ في جامعة الأزهر بصفة خاصّة له أهميّة

كبيرة لأنّ الأزهر له تاريخه الطويل الّذي امتدّ أكثرَ من ألف عام، وهو منبر الإسلام الثقافيّ والروحيّ، ولهذا فإنّني أتمنّى أن تكونَ هناك علاقاتٌ ثقافيّة وتعليميّة متبادلة بين جامعة الأزهر والكليّة الإسلاميّة الكوريّة.

يا إخواني المسلمين، نرجو أن يزورَ هذا المعرضَ عددٌ كبيرٌ من المسلمين لكي يفهموا حالة الإسلام في كوريا، ويقوموا بأداء واجبهم نحو تدعيم النشاط الإسلاميّ في كوريا مستقبَلا، وأعتقد أنّ إقامةَ هذا المعرِض تُعَدُّ عاملا من عوامل تدعيم الصداقة والتعاون بين الإخوة المسلمين في مصرَ وكوريا.

⊛ 단어 · 숙어연구

منبر (ج : منابرُ)	연단, 단, 토대
بصفة خاصّة	특히
روح (ج : أرواح)	정신, 넋, 영혼
امتدّ ، امتداد	(Ⅷ)이어지다, 걸치다
تمنّى ، تمنٍ	(Ⅴ)희망하다, 소원하다
صداقة	우호, 친선
أعَدّ ، إعداد	(Ⅷ)간주하다, 고려하다
أداء الواجب	의무 이행
دعّم ، تدعيم	(Ⅱ)강화하다; 지지하다

◘ 구문연구

① له أهميّة كبيرة 의 هـ 는 افتتاح هذا المعرض 를 가리킨다.

② يا إخواني المسلمين 에서 إخواني 는 연결형태이기 때문에 대격이다. 그러므로 그 수식어인 المسليمين 도 대격을 갖는다.

③ أن يزور هذا المعرض عددٌ كبيرٌ... 에서 عدد كبير 이하는 동사문의 주어이다.

✲ 해석

본인은 이 전시회가 특별히 아즈하르 대학에서 개막되는 것이 대단한 중요성을 갖고 있다고 믿고 있습니다. 왜냐하면 아즈하르 대학은 1

천년 이상을 이어 온 유구한 역사를 갖고 있으며, 바로 이슬람의 문화적 · 정신적 토대이기 때문입니다. 따라서 본인은 앞으로 아즈하르 대학과 한국의 이슬람 대학간의 문화적 · 교육적 상호교류 관계가 있기를 바랍니다.

무슬림 형제 여러분! 우리는 한국의 이슬람 상황을 이해하고, 앞으로 한국에서 이슬람의 활동을 강화시키는 쪽에 의무를 수행하기 위해서 많은 수의 무슬림들이 이번 전시회에 방문하기를 바랍니다. 그리고 본인은 이 전시회 개최가 이집트와 한국의 무슬림 형제들사이에 우애와 협력을 강화시키는 요인의 하나로 간주되어질 것이라고 믿습니다.

الدرس ١٦-٦

وكما أنّ الإسلامَ رمز السلام والتقدّم، وكذلك جهود دولتَيْ مصرَ وكوريا تُسهِم في إقرار السلام في العالم وتؤدّي إلى نتائجَ عظيمةٍ بزيادة التفاهم المشترك عن طريق مثلِ هذا المعرضِ.

وأخيراً أقدِّم عظيمَ شكري لفضيلة الأستاذ الدكتور محمد الطيّب النجّار رئيس جامعة الأزهر الّذي تفضّل بافتتاح هذا المعرض الإسلاميّ، كما أقدِّم لكم أيهُّا الحاضرون أسمى آيات الشكر، وأتمنّى من الله أن يزدهرَ الإسلام في بلدَيْنا.

والسلام عليكم ورحمة الله وبركاته ،،،،،،

단어 · 숙어연구

رمز السلام	평화의 상징
أدّى إلى ...، تأدية	(Ⅱ)…을 가져오다, 야기하다
أقرّ، إقرار	(Ⅳ)수립하다; 자리잡게 하다
فضيلة	이슬람 학자(الشيخ)에 붙는 경칭
أسمى آيات الشكر	깊은 감사
ازدهر، ازدهار	(Ⅷ)꽃피다, 번영하다

구문연구

① جهود دولَتَيْ مصروكوريا 에서 دولتي 는 쌍수 دولتين 에서 연결형 제 1 요소가 되면서 النون (ن) 이 탈락된 상태이다.

② إلى نتائجَ عظيمةٍ 에서 نتائج 는 2격명사이기에 비한정 상태에서 속격은 ـَ 로 표시된다.

✲ 해석

또한 이슬람은 평화와 선진의 상징입니다. 또한 이집트와 한국 양국의 노력은 세계평화 정착에 기여할 것이며, 이같은 전시회를 통해 공동 상호이해 증진의 커다란 결실을 가져올 것입니다.

끝으로 본인은 이번 한국 이슬람 전시회 개최에 많은 배려를 해 주신 '무함마드 앗 따이브 안나자르' 아즈하르 대학 총장님께 깊은 감사를 드리고, 또한 참석해 주신 여러분들께 심심한 사의를 표합니다. 이슬람이 양국에서 번성하기를 알라께 기원드립니다. 안녕히 계십시요.

제 6 부

الباب السادس

제6부 1과

وزير الخارجيّة اليابانيّ يزور واشنطن

الدرس ١

طوكيو : يبدأ وزير الخارجيّة اليابانيّ سوزوكي أونو في الأوّل من شهر ديسمبر القادم زيارةً لواشنطون.
وسيُجري وزير الخارجيّة اليابانيّ خلال زيارته محادثاتٍ مع الرئيس الأمريكيّ ووزير خارجيّته تتناول الجوانب المتعلّقة بالسياسة الأمريكيّة الجديدة تجاه اليابان وخاصةً في مجال التعاون الاقتصاديّ.

단어 · 숙어연구

محادثة (ج : محادثات)	대담, 회화, 토론
تناول	(Ⅵ)다루다; 식사하다
أجرى	(Ⅳ)실시하다, 수행하다, 진행하다
جانب (ج : جوانبُ)	옆, 측면, 측
تجاهَ	…와 마주 대하여, …을 향한

구문연구

① تناول الجوانب 이후의 문장은 محادثات을 수식한다.

해석

일본 외상, 워싱톤을 방문하다

도쿄 : 스즈키 오노 일본 외상은 다가오는 12월 1일에 워싱톤 방문을 시작한다.

일본 외상은 그의 방문 중에 미국 대통령 및 그의 국무장관과 새로운 대일 미국 정책에 관련된 측면들 특히, 경제협력분야를 다루는 대담들을 실시할 예정이다.

제6부 2과

كلينتون يزور اليابان وكوريا الجنوبيّةَ الشهرَ المقبلَ

الدرس ٢

سول - : يقوم الرئيس الأمريكيّ بيل كلينتون بزيارة إلى كوريا الجنوبيّة يومَ ٢٠ نوفمبر المقبلِ، قبل يوم من برنامجه السابق المقرَّر لعقد قمة مع الرئيس كيم داي جونج.

وذكرت وكالة (كيودو) اليابانيّة أنّ كلينتون سوف يجتمع مع الرئيس كيم يومَ ٢١ نوفمبر المقبل، ويقوم بزيارةٍ تفقّديّة لقرية الهدنة بانمونجوم في اليوم التالي، قبل عودته إلى بلاده في اليوم نفسهِ. ومن المقرَّر أن يزور كلينتون اليابان يومَيْ ١٩ و٢٠ نوفمبر المقبل، بعد حضورِ منتدى قادة التعاون الاقتصادي لآسيا والباسفيك في كوالالمبور.

단어・숙어연구

زار ـُ زيارة	방문하다
مُقْبِل؛ في الأسبوع المقبل	닥쳐오는, 앞으로의; 다음주에
قام بـ(ـُ)، قِيام	…을 수행하다
بَرْنَامَجٌ (ج : بَرَامِجُ)	계획, 프로그램
انتَدَى	(Ⅷ)모이다
مُنْتَدًى	모임, 회합
زيارة تفقّديّة	순시, 시찰
قَائِدٌ (ج : قَادَة ، قُوّاد)	지휘자, 지도자, 운전사
تفقّد	(Ⅴ)검열하다, 시찰하다, 돌아보다
الهُدْنَة	휴전
مُقَرَّر	결정된, 확정된
من المُقَرَّر أن -	…하기로 되어있다 …이 예정되다
اِجْتَمَعَ ، اِجْتِمَاعٌ (مع ، بـ)	…와 만나다, 회동하다
في اليَومِ التَّالي	다음날

عَادَ (ـُ)، عَوْدَة إلى	돌아오다
حَضَرَ (ـُ)، حُضُور	참석하다, 준비하다
مُنْتَدَى قَادَة التَّعَاوُنِ الاقْتِصَادِي لآسِيا والبَاسفِيك	APEC(아시아, 태평양 경제 협력체)

구문연구

① ′같은 날에′ 라는 뜻의 في اليوم نفسِه 은 في نفس اليوم 의 문어체 표현이다.

② نوفمبر المقبل 에서 수식어 المقبل 은 한정상태인데, 이는 نوفمبر 가 한정단어이기 때문이다.

해석

클린턴, 내달 일본과 한국을 방문하다

서울: 빌 클린턴 미 대통령은 김대중 대통령과의 정상(회담) 개최를 위해 결정된 종전의 일정 하루전인 오는 11월 20일 한국을 방문한다.

일본 교토통신은 클린턴 미 대통령이 오는 11월21일 김대중 대통령과 회동할 것이고, 다음날 미국으로 귀국하기 전 당일날 판문점 휴전지역을 시찰 (방문)할 것이라고 언급했다. 또 클린턴 미 대통령은 쿠알라룸푸르 APEC (아시아,태평양 경제 협력체)정상회담 참석후, 오는 11월 19.20 양일 간 일본을 방문할 예정이다.

제6부 3과

كلينتون يزور طوكيو وسول هذا الأسبوعَ

الدرس ٣

واشنطن - أ.ف.ب.:أعلن البيت الأبيض أنّ الرئيس الأمريكيّ بيل كلينتون ما زال يعتزم زيارة اليابان وكوريا الجنوبيّة هذا الأسبوعَ، إلاّ أنّه لم يكشف عن

موعد الزيارة أو برنامجها المفصَّل.

في الوقت نفسه، أعلنت مصادر يابانيّة أنّ القمّة بين بيل كلينتون وكيزو أوبوتشي رئيس الوزراء اليابانيّ من المرجّح أن تُعقد يوم الجمعة المقبل بدلا من الخميس.

وأشارت المصادر إلى أنّه من المتوقّع أن يغادر كلينتون واشنطن اليومَ ليصل إلى طوكيو غدا ظهرا، ويلتقي بالإمبراطور أكيهيتو في وقت لاحق من نفس اليوم.

🙞 단어 · 숙어연구

البيت الأبيض	백악관
اِعْتَزَمَ (عَلَى)	(Ⅷ)…을 결심하다, …을 작정하다.
كَشَفَ (عَنْ) (ـِ) ، كَشْفٌ	(덮개)열다, 폭로하다, 드러내다, 진찰하다
أَعْلَنَ (عَنْ) ، إِعْلان	(Ⅳ)발표하다, 선언, 선포하다
من المرجّح ...	아마도, …로 여겨진다
بَدْلا من ...	…대신
أَشَارَ إلَى ، إِشَارَة	…을 가리키다, 지적, 지시하다
اِلْتَقَى بِـ	…와 만나다
مُفَصَّلٌ	상세한
بِصُورَةٍ مُفَصَّلَةٍ	자세히, 구체적으로
في الوقْتِ نَفْسِه	동시에
إِمْبَرَاطُورٌ (ج : أَبَاطِرَةٌ)	황제
في وَقْتٍ لاحِقٍ	추후에
إلا أن = لَكِنَّ = بَيدُ أن = غَيرِ أن	하지만, 그러나
رَئِيسُ الوُزَرَاءُ	총리
عَقَدَ (ـِ) ، عَقْدٌ	(협정)맺다 (회의)를 소집하다, 열다
مَصْدَرٌ (ج : مَصَادِر)	원천, 근원, 소식통

구문연구

① 서울은 سيئول 이나 سيؤول 로 쓰는 것이 일반적이나 아랍어 신문에서 سيول 이나 سول 로 쓰이는 경우도 있다.

② البيت الأبيض 는 백악관, الدار البيضاء 는 카사블랑카 이다.

③ غداً ظهراً 은 범위가 넓은 단어를 앞에 쓰는 아랍어 특성에 따른 것이다. (다른 예 : أمسِ صباحًا)

해석

클린턴, 이번주에 도쿄와 서울을 방문하다

워싱턴-A.F.P(프랑스 통신사): 백악관은 빌클린턴 미국 대통령이 이번주에 일본과 한국의 방문을 여전히 결심하고 있다고 발표했다. 하지만, 방문 일정이나 세부계획에 대해서는 밝히지 않았다.

동시에, 일본 소식통들은 빌 클린턴(미 대통령)과 오부치 게이조 일본 수상간의 정상회담이 목요일 대신 오는 금요일에 열리게 될 것이라고 발표했다. 또, 그 소식통들은 클린턴 미 대통령이 내일 정오에 도쿄에 도착해서, 당일중에 아키히토 천황과 회동하기 위해 오늘 워싱턴을 떠날 예정이라고 언급했다.

제6부 4과

كلينتون يزور كوريا الجنوبيّة أواخر الشهر الجاريّ
الدفاع المشترك وبرنامج كوريا الشماليّة النوويّ يتصدّران المباحثات

الدرس ٤

سول - وكالات الأنباء : أعلن متحدّث رئاسيّ في سول أمس أنّ الرئيس الأمريكيّ بيل كلينتون سيقوم بزيارة رسميّة لكوريا الجنوبيّة تستغرق ثلاثة أيام اعتبارا من العشرين من الشهر الجاري. وقال المتحدّث إنّ كلينتون سيلتقي بالرئيس الكوريّ كيم داي جونج حيث يبحثان القضايا الأمنيّة والأزمة الماليّة

الآسيويّة وسبل تعزيز العلاقات الكوريّة الأمريكيّة كما سيتفقّد القوات الأمريكيّة المتمركّزة في كوريا الجنوبيّة. وأشار المتحدّث إلى أنّ الرئيسين سيتطرّقان إلى سياستهما المشتركة إزاء كوريا الشماليّة، وسيؤكّدان مجدّدا استمرارَ المشاركة الوثيقة بين الولايات المتّحدة وكوريا الجنوبيّة المبنية على العلاقات الدفاعيّة الصلبة.

وتعدّ كوريا الجنوبيّة من أوثق حلفاء الولايات المتّحدة ومن المنتظر أن يؤكّد كلينتون وجونج مجدّدا التزامهما باتّفاق جنيف عامَ ١٩٩٤ والّذي وافقت كوريا الشماليّة بمقتضاه على وقف العمل في برنامجها النوويّ مقابل تزويد واشنطن لها بمفاعلين نوويّين لتوليد الطاقة.

وتأتي زيارة كلينتون لكوريا الجنوبيّة في أعقاب زيارة لليابان تستمرّ يومين بعد مشاركته في قمّة منتدى التعاون الاقتصاديّ لدول آسيا والمحيط الهادي‌ء والّتى تعقد في العاصمة الماليزيّة كوالالمبور يومَي ١٧ ,١٨ من شهر نوفمبر الجاري.

ومن ناحية أخرى سلّمت كوريا الشماليّة أمس لواشنطن رفات تسعة أشخاص يعتقد أنّها لجنود أمريكيّين قتلوا خلال الحرب الكوريّة قبل نحو خمسين عاما، تمّت عمليّة التسليم عبر المنطقة المنزوعة السلاح بين شطري كوريا.

⊗ 단어 · 숙어연구

الشَهْرُ الجاري	이 달
جَارٍ	달리는, 현재의, 진행되는
تَصَدَّرَ	(Ⅴ)가운데에 서다
	(회의를)사회, 집행하다
زيارة رسميّة	공식방문
اِعْتِبَارًا من ...	…부터
قَضِيَةٌ (ج : قضايا)	문제, 현안, (법률)소송
سَبِيلٌ (ج : سُبُل)	길, 도로, 수단 ,방법
عَزَّزَ، تَعْزِيز	(Ⅱ)강화, 확정하다, 사랑하다
وثيق	튼튼한, 견고한
مشاركة	협력, 협동, 참가

تَفَقَّدَ ، تَفَقُّدٌ	(Ⅴ)시찰하다, 검열하다, 조사하다
تَطَرَّقَ إلى	(Ⅴ)…을 언급하다, 다루다
أكَّدَ ، تأكيد	(Ⅱ)공공히 하다, 강조・확언하다
عَدَّ (ـُ) ، عَدٌّ	세다, 계산하다, 생각하다
اِلتَزَمَ (بـ)	(Ⅷ)…을 견지하다, 지키다
بِمُقْتَضَاه = على مُقْتَضَاه	…에 따라, …의 요구대로
زَوَّدَ بـ ، تزويد	(Ⅱ)…로 장비하다, 공급하다
قِمَّة مُنْتَدَى التعاون الاقتصاديّ لدول آسيا والمحيط الهادئ	APEC 정상회담
مَبْنِيَة على	…에 기초한
من ناحية أخرى	한편
رُفَاتٌ	유골, 유해
سَلَّمَ ، تسليم	(Ⅱ)(على)…에게 인사하다 (الى)…에게 건네다, 전해주다
المِنْطَقَةُ المَنْزُوعَةُ السلاحِ	비무장지대
شَطْرٌ (ج : أشْطُرٌ، شُطُورٌ)	부분, 절반, 방향
تَمَّ (ـِ) ، تَمَامٌ، تَمٌّ	완전, 완성해지다, 끝내다

구문연구

① المنطقةِ المنزوعةِ السلاحِ 에서 عبر المنطقةِ المنزوعةِ السلاحِ 는 المنطقة 를 수식하는 연결형태의 수식구 이다. 비한정인 경우에는 عبر منطقةٍ منزوعةِ السلاحِ 로 쓴다.

해석

클린턴, 이달 말에 한국 방문하다.
회담은 공동방어와 북한 핵 계획을 다룬다

서울 - 통신사들 : 서울의 청와대 대변인은 어제 빌 클린턴 미국 대통령이 이달 20일부터 시작하여 3일이 소요되는 한국 공식 방문을 실시할 것이라고 발표했다. 대변인은 클린턴 대통령이 김대중 한국 대통령과 회동하여 거기에서 안보현안들, 아시아 금융위기, 한 · 미 관계 강화 방안들을 논의하고, 또한 주한 미군을 시찰할 것이라고 말했다.

대변인은 양국 대통령이 대북한 공동 정책을 다루고, 견고한 방어체제 관계위에 기초하고 있는 한,미 간의 공고한 협력의 지속을 다시 한번 확인할 것이라고 언급했다.

한국은 미국과 가장 가까운 동맹국으로 여겨진다. 클린턴 미 대통령과 김 대통령은 1994년 제네바 협정 준수를 다시 한번 확인할 것으로 예상된다. 그 협정에서 북한은 미국이 북한에 발전용 원자로 2기를 제공하는 대가로 핵 계획 활동을 중단하는 데에 그 요구대로 합의했다.

클린턴 미 대통령은 말레시아 수도 쿠알라룸프르에서 이번 달 11월 17,18일 양일간 개최되는 APEC 정상회담 참석 후, 이틀걸리는 일본 방문 직후에 한국을 방문한다.

다른한편, 북한은 어제 약 50년 전 한국전쟁 동안 사망한 미군으로 확신되는 아홉구의 유해를 미국에게 인계했다. 인수작업은 남,북한간 비무장지대를 통해 이루어졌다.

제6부 5과

كوريا الشماليّة تدين خطّة يابانيّة لإطلاق قمر صناعيّ للمراقبة

الدرس ٥

بيونج يانج : وجّهت كوريا الشماليّة أمس اتّهامًا إلى اليابان يتعلّق بخطّتها إطلاقِ قمرٍ صناعيٍّ للمراقبة، ووصفت ذلك بأنّه يشكّل تهديدا عسكريّا للبلاد.

ونقلت وكالة أنباء كوريا الشماليّة الرسميّة عن بيان لوزارة الخارجيّة القول إنّ بيونج يانج سوف تتّخ إجراءات قويّة للدفاع عن النفس. وأشار البيان إلى أنّ خطّة اليابان تُعَدُّ عملا عسكريّا خطيرا آخَرَ يهدف إلى إجازة سياسة تحويل اليابان إلى قوة عسكريّة وجَعْلِ ذلك قانونيّا.

قال البيان إنّه سيتعيّن على الحكومة اليابانيّة أنْ تتحمّل المسئوليّة الكاملة للعواقب الّتي لا يمكن التنبّؤ بها والّتي سيُسفر عنها (سلوكها المتهوّر)
كانت الحكومة اليابانيّة قد قرّرت في وقت سابق الشهرَ الحاليَ إطلاق أربعة أقمار صناعيّة بحلول عام ٢٠٠٢ لجمع المعلومات وذلك عقب قيام بيونج يانج بإطلاق صاروخ فوق الأراضي اليابانيّة في الحادى والثلاثين من أغسطس الماضي.

단어・숙어연구

وجّه ...إلى ، توجيه	(Ⅱ)…에 향하게 하다, 돌리다
تَعَلّقَ بِـ ، تعلُّق	(Ⅴ)…에 관련되다, 관련하다 …에 매달리다
أطْلَقَ إطْلاقٌ	(Ⅳ)발사하다, 석방하다, (على)…에 (이름)붙이다
هَدَّدَ ، تَهديد	(Ⅱ)(بـ)(로써)위협하다
نَقَلَ (ـُ) ، نَقْلٌ	운반, 수송하다; 전하다, 인용하다
اتَّخَذَ ، إجْرَاءَات	(Ⅷ)조치를 취하다
تَعَيَّنَ عَلَى	(Ⅴ)…에 규정되다,의무적으로되다
تَحَمَّلَ المَسْؤولِيَّةَ	(Ⅴ)책임을 지다
تَنَبَّأَ بِـ	(Ⅴ)…을 예언하다, 예측하다
أسْفَرَ عَن	(Ⅳ)…을 폭로하다,밝히다
أدانَ	(Ⅳ)규탄하다, 비난하다
وِكَالَةُ الأنْبَاءِ	통신사
عَاقِبَةٌ (ج عَوَاقِب)	결과
حُلُولٌ	닥쳐오는 것, 도래, 시작
سُلُوك	행동, 행위
تَهَوَّرَ	(Ⅴ)분별없다, 무모하게 행동하다
مُتَهَوِّر	무모한, 분별없는
خَطِيرٌ	심각한 중요한
عَقِبَ	…직후에
مَعْلُومَات	정보, 자료

◘ 구문연구

① ...يتعلق بخطتها إطلاق قمر صناعي 는 اتّهامًا 을 수식하는 절인데 إطلاق قمر صناعي 는 خطتها 와 동격이다.

✽ 해석

북한은 일본의 정찰 인공위성 발사계획을 규탄하다

평양 : 북한은 어제 정찰 인공위성 발사 계획과 관련하여 일본을 비난했다. 그리고 정찰 위성 발사는 북한에 군사적인 위협을 조성하는 것이라고 묘사했다. 북한 관영 통신사는 외교부 성명을 인용해 평양은 자국의 수호를 위한 강화조치들을 취하게 될 것이라는 말을 전했다. 그 성명서는 일본의 계획은 일본을 군사강국으로 바꾸고 그것을 합법적으로 만들려는 정책을 허용하고자 하는 목적의 또다른 위험한 군사적 행위로 간주된다고 지적했다.

또 그 성명서는 예측할 수 없고 무모한 행위를 초래하게될 결과에 대해 모든 책임을 일본정부가 져야만 한다고 말했다.

일본정부는 이달에 앞서 2002년 벽두에 정보 수집을 위한 4개의 인공위성의 발사를 결정한 바 있다. 그리고 이러한 결정은 지난 8월 31일 북한이 일본 영공으로 미사일을 발사한 직후의 일이다.

제6부 6과

طوكيو تهدّد بتوجيه ضربة عسكريّة لكوريا الشماليّة

الدرس ٦

طوكيو – وكالات الأنباء : في الوقت الّذي تردّدت فيه، أنباء عن أنّ كوريا الشماليّة بصدد إطلاق صاروخ باليستي آخَر اليوم بعد الصاروخ الّذي أطلقته

يومَ الإثنين الماضي عبر أجواء اليابان.. هدّدت الحكومة اليابانيّة بتوجيه ضربة عسكريّة لكوريا الشماليّة إذا ثبت أنّها تستعدّ لهذه الخطوة.

وقال رئيس وكالة الدفاع اليابانيّة توكشيرو نوكاجا إنّ الدستور اليابانيّ الّذي ينصّ على حلّ النزاعات بالوسائل السلميّة لم يَمْنَعْ طوكيو من توجيه ضربة عسكريّة لكوريا الشماليّة إذا استلزم الأمر. وأوضح أنّ الضربة العسكريّة تمثّل أحد الخيارات الكثيرة التي تدرسها الحكومة اليابانيّة لمعالجة الموقف مشيرا إلى أنّها أفضل من (الجلوس وانتظار الموت).

يذكر أنّ الدستور اليابانيّ ينكر استخدام السلاح في تسوية النزاعات الدوليّة غير أنّ الوزراء اليابانيّين يقولون الآن إنه إذا تأكّد أنّ كوريا الشماليّة تستعدّ لإطلاق صاروخ ثانٍ فإنّ طوكيو ربّما تكون البادئة بتوجيه ضربة عسكريّة.

단어・숙어연구

هَدَّدَ بـ ، تهديد	(Ⅱ)…로 위협하다
تَرَدَّدَ	(Ⅴ)망설이다, 주저하다, (في)의심하다, 반복하다
صَدَدٌ	관계, 관련
في هذا الصدد، بهذا الصدد	이와 관련하여, 이 문제에서
ثَبَتَ ـُ ثُبُوتٌ	확증되다, 증명되다
اِسْتَعَدَّ لـ ...	(Ⅹ)…를 준비하다
وكالة	대표권, 대리하는 것; 전권; 통신사
وكالة دفاعيّة	국방대표부
دُسْتُور	헌법
نَصَّ ـُ على ، نَصٌّ	…을 규정하다, 지적하다, 서술하다
اِسْتَلْزَمَ	(Ⅹ)필요하다고 보다
مَثَّلَ، تمثيل	(Ⅱ)그리다, 대표하다, 예를 들다, 구체화하다, 보여주다
نَكَرَ (ـَ) نَكْرٌ	모르다, 부정하다, 부인하다
سَوَّى	(Ⅱ) 균등하게 하다, 조절하다, (빚)갚다

تَسْوِيَة   정돈, 조정,(문제)해결, 지불

✻ 해석

일본, 북한에 대해 군사 공격을 감행하겠다고 위협하다

도쿄- 통신사 : 북한이 지난 월요일 일본 영공을 통해 발사한 미사일에 뒤이어 금일 또다른 탄도탄 발사에 관련한 소식이 반복되는 가운데, 일본정부는 만약 북한이 이런 단계의 준비가 되어있는 것이 확실시 된다면 북한에 군사공격을 감행할 것이라고 위협했다.

일 국방성 장관 도쿠시루 노카자는 평화적 방법들로 분쟁해결을 명시하고 있는 일본 헌법은 만약 그 일이 꼭 필요하다면 일본이 북한에 대해 군사적 공격을 감행하는 것을 막지 않는다고 말했다. 그리고 그는 군사적 공격이 앉아서 죽음을 기다리는 것 보다 낫다고 지적하면서, 군사적 공격은 상황에 대처하기 위해 일본정부가 검토하고 있는 여러 선택들 중 하나를 보여주는 것이라고 밝혔다.

언급할만한 사실은 일본헌법은 국제 분쟁 해결에 무기 사용을 금지하고 있는데, 그러나 일본 각료들은 지금 북한이 2차 미사일 발사를 준비하는 것이 확실시 된다면 일본은 군사공격 감행을 착수할 수도 있다고 말하고 있다는 점이다.

제6부 7과

اليابان تعتزم رفع العقوبات الاقتصاديّة المفروضة على كوريا الشماليّة

الدرس ٧

طوكيو : في خطوة مفاجئة أعلن وزير الخارجيّة الياباني كيزو أوبوتشى أنّ بلاده تفكّر جديًّا في رفع العقوبات الاقتصاديّة المفروضة على كوريا الشماليّة بسبب إطلاقها صاروخا بعيد المدى في ٣١ أغسطس الماضي عبر الأراضي

اليابانيّة وسقط بالقرب من جزر ألاسكا.

وأوضح أوبوتشي أنّ طوكيو قد توقّف تجميد منح بيونج يانج مبلغ مليار دولار مخصص لبناء مفاعلات نوويّة تعمل بالماء الخفيف، جمّدتها الحكومة اليابانيّة في سبتمبر الماضى، مشيراً إلى أنّ طوكيو لها مصلحة في إنجاح الاتّفاق الّذي وقع عام ١٩٩٤ بين الولايات المتّحدة ألامريكيّة وكوريا الشماليّة، والّذي يقضى بتجميد بيونج يانج لبرنامجها النوويّ مقابل تقديم مساعدات ماليّة لها من الولايات المتّحدة و اليابان و الصين، وكوريا الجنوبية.

وكان الاتّفاق قد تعطّل تنفيذَه بعد إعلان اليابان تجميدَ حصّتِها من المساعدات الماليّة بسبب استمرار بيونج بانج في تطوير برنامج صواريخها البعيدة المدى.

❀ 단어·숙어연구

رَفَعَ (-) ، رَفْعٌ	올리다, 취소하다, 해제하다
خَطى ، خُطُوَة (ج : خُطُوَات)	조치
العُقُوبَات الاقْتِصَادِيَة	경제 제재
جَزِيرَة (ج : جَزَائِر ، جُزُر)	섬
جَمَّدَ ، تَجْمِيدٌ	(Ⅱ)응고시키다, 얼리다, (재정)동결시키다
مفاعلات نووية تعمل بالماء الخفيف	경수로 작동하는 원자로
تَعَطَّلَ ، تَعَطُّلٌ	(Ⅴ)실업자 되다, (공장)멈추다
صَارُوخ (ج : صواريخ)	로케트, 미사일
صَوَارِيخ بعيد المدى	장거리 미사일
أوْضَحَ ، إيضَاحٌ	(Ⅳ)명백히 하다, 설명·해설하다
أطْلَقَ ، إطْلاقٌ	(Ⅳ) 해방하다, 발사하다, (على)에게 (이름)을 붙이다
بالقُرْبِ من ...	…로 멀지않은 곳에, …가까이에
مُقَابِل	맞은편에 있는, 대립되는
اتِّفَاقٌ	협의, 협정
وَقَّعَ عَلَى ...	(Ⅱ)…을 서명하다, 조인하다
اِسْتَمَرَّ ، اِسْتِمْرَارٌ	(Ⅹ)지속되다, 계속되다, (في)…을 계속하다

구문연구

① بلاد 는 여성형이기 때문에 تفكّر 로 썼다. 반면 بلد 는 남성형이다.

② إعلان اليابان تجميد حصتها 에서 إعلان اليابان 은 연결상태에 있는데 اليابان 이 إعلان 의 행위자이며 تجميد حصتها 는 목적어이기 때문에 대격으로 쓰였다.

해석

일본, 북한에 가해진 경제 제재 철회를 결심하다

도쿄 : 긴급조치 일환으로, 게이조 오부치 일본 외상은 지난 8월31일 북한이 일본 영토를 지나 알래스카 열도 근처에 떨어진 장거리 미사일 발사때문에 북한에 가해진 경제 제재 철회를 그의 국가가 심각하게 고려하고 있다고 발표했다.

오부치 외상은 1994년 미국과 북한간에 조인된 협정을 성공시키는데 일본의 이익이 있다는 것을 지적하면서, 지난 9월 일본정부가 동결시켰던, 경수로 작동하는 원자로의 건설을 위해 특별히 (책정된) 비용 십억 달러의 제공동결(조치)를 중지시킬 수도 있다고 밝혔다. 그런데 그 협정은 미국, 일본, 중국, 한국으로부터의 재정원조 제공의 대가로 북의 핵 개발 계획의 중지를 규정해 놓은 것이다.

그협정은 북한이 자국의 장거리 미사일 계획의 개발을 계속함으로 인해서 일본이 그들의 재정지원 몫을 동결시킨다고 발표한 이후 그 실행이 멈추어져 있었다.

제6부 8과

كوريا الشمالية تهدّد بالردّ بالمثل على المناورات في شبه الجزيرة الكوريّة

الدرس ٨

بيونج يانج -أ.ف.ب-أعلنت سلطات كوريا الشماليّة أنّ التدريبات العسكريّةَ المُشْتَرَكَةَ بين القوات الأمريكيّة وقوات كوريا الجنوبيّة الّتي تجري حاليا بمشاركة ٨٥ ألفَ جنديّ من الجانبين تشكّل تهديدا مخيفا للأمن والسلام في شبه الجزيرة الكوريّة.

وأوضح مسئول في وزارة الخارجيّة في كوريا الشماليّة أنّ إجراء مناورات وتدريبات عسكريّة ضخمة إلى هذا الحدّ يؤكّد أنّ المباحثات الرباعيّةَ الّتي جرت خلال الأسبوع الماضي في جنيف لإحلال السلام الدائم في المنطقة لم تكن سوى تلاعُب وتمهيد لشنّ حرب على بيونج يانج.

ودعا المسئول الكوريّ الجانبين إلى وقف المناورات فورا، مهدِّداً بأنّ بيونج يانج ستردّ بالمثل على التهديدات الأمريكيّة - الكوريّة الّتي أدّت إلى دفع المنطقة إلى حافة الحرب على حدّ قوله.

وكانت مناورات أمريكيّة -كوريّة ضخمة قد بدأت أمسِ الأوّلَ بمشاركة ٣٥ ألفَ جنديّ أمريكيّ و٥٠ ألفَ جندي كوريّ جنوبيّ وتستمرّ ١٢ يومًا تهدف - كما أوضح وزير الدفاع الكوريّ الجنوبيّ- إلى تجهيز قوات بلاده لصدّ أيّ هجوم محتمَل من كوريا الشماليّة.

وتأتي هذه المناورات بعد ٣ أيام من انتهاء مباحثات السلام الرباعيّة في جنيف بين الكوريتين والولايات المتّحدة والصين، والّتي أسفرت عن تأسيس لجنتين فرعيّتين : الأولى : لإحلال السلام الدائم في شبه الجزيرة الكوريّة والثانية لحلّ النزاعات والمشاكل الّتي قد تؤثّر على العلاقات بين البلدين.

❀ 단어 · 숙어연구

المُنَاوَرَات	기동훈련, 실전훈련
مُخِيفٌ	무시무시한, 끔찍한
المُبَاحَثَات الرُبَاعِيَّة= المُحَادَثَات الرُبَاعِيَّة	4자회담
سِوَى	제외하고
تَلاعَبَ ، تَلاعُبٌ	(Ⅵ)놀다, 속이다
مَهَّدَ ، تَمْهِيدٌ	(Ⅱ)정리하다, 마련하다, 준비하다
وَزِيرُ الدِفَاعِ	국방장관

حَافَة (ج : حَافَات)	끝, 모서리, 가장자리
لَجْنَة فَرْعِيَّة	분과위원회
شبه الجزيرة الكوريّة	한반도
أثَّرَ	(Ⅱ)(في أو على) …에게 영향을 미치다, …에게 인상을 남기다
مُشْكِلَةٌ (ج : مَشَاكِل ، مُشْكِلات)	문제, 난관
رَدٌّ (ج : رُدُود)	반환, 대답
الردُّ بالمثل	(외교)대응, 상응하는 대응
أسْفَرَ عن ...	(Ⅳ)…을 폭로하다,결과를 초래하다, …로 끝나다
سُلْطَةٌ (ج : سُلْطَات)	정권, 권력, 주권
دَرَّبَ ، تدريب	(Ⅱ)(على)훈련시키다
التدريبات العسكريَّة	군사훈련
جُنديٌّ (ج : جُنُودٌ)	군인, 병사
جَرَى (ـِ) ، جَرْيٌ	뛰다, 달리다, 진행하다, 일어나다
صَدَّ (ـُ) ، صَدٌّ	막다, 저지시키다, 반항, 저항하다

구문연구

① أن التدريباتِ العسكريةَ المشتركةَ에서 التدريبات 는 대격이지만 여성규칙 복수이기 때문에 ـِ 로 쓰임

② لم تكن سوَى 에서 سوى 앞에 부정어가 오면 "단지 … 일 뿐이다."라는 뜻이다.

③ أمسِ الأوّلَ 에서 أمسِ 가 속격형태로 쓰이기는 했지만 원래는 대격으로 뒤에오는 수식어는 대격으로 쓰인다. 또, 수식어가 한정형으로 쓰인 이유는 أمسِ 가 비록 비한정 형태지만 실제로는 한정 단어이기 때문에 뒤에 한정 수식어가 쓰인다.

해석

북한, 한반도(팀스피리트) 기동훈련에 대해 유사한 맞대응으로 위협하다

평양 - A.F.P.: 북한당국은 현재 미군과 한국군 양측 8만 5천명이 참여한 가운데 실시되고 있는 한미 연합 군사훈련이 한반도에서의 안보와 평화에 심각한 위협을 조성하고 있다고 발표했다.

북한 외교부의 한 책임자는 이 정도의 대규모 군사훈련과 기동훈련은 한반도에서의 항구적 평화 정착을 위해 제네바에서 지난 주 실시된 4자 회담이라는 것이 북한에 대한 전쟁도발을 위한 기만과 준비단계에 지나지 않다는 것을 확인시켜 주고 있다고 밝혔다.

그의 말에 따르면 한반도를 전쟁발발직전까지 몰고가는 결과를 초래한 미국과 한국의 위협에 북한은 그에 상응하는 보복조치를 취할 것이라고 위협하면서, 그 책임자는 즉시 기동훈련을 중단할 것을 양측에게 촉구했다.

대규모 한미 군사훈련은 그저께 3만 5천명의 미군과 5만명의 한국군의 참여로 시작되었고, 12일간 계속되며, - 한국국방장관이 밝혔듯이 - 북한으로부터의 가능한 어떤 공격도 방어할 수 있는 자국의 군사력을 갖추는 것을 목표로 하고 있다.

이 군사훈련은 한국, 북한, 미국, 중국의 제네바 4자 평화 회담 종료 3일 후에 이루어졌다. 그런데 그 회담결과는 2개의 분과위원회를 설치하는 것인데 첫번째 것은 한반도에서의 항구적 평화 정착을 위한 것이고, 두번째 것은 양국 관계에 영향을 미칠수도 있는 분쟁및 문제들의 해결을 위한 것이다.

제6부 9과

كوريا الشماليّة تتّهم اليابان بالإعداد لغزو آسيا

الدرس ٩

طوكيو - سول - وكالات الأنباء: شنّت كوريا الشماليّة هجوما حاداً أمسِ على اليابان بسبب خطّتها لإطلاق قمر صناعيّ للتجسّس واتهّمتها بالإعداد لغزو الدول الأسيويّة المجاورة والسيطرة على العالم. وأكّدت وكالة أنباء كوريا

الشماليّة الرسميّة أنّ القَمرَ الصناعيّ يُعَدُّ خطوةً أولى في طريق عودة طوكيو إلى مجال التسلّح.

وفي الوقت ذاته، أكّد كيم داي جونج رئيس كوريا الجنوبية أمس أنّ الوقت ليس مناسبا لمحادثات مباشرة بين الحكومتين الكوريتين. ودعا كيم إلى تعزيز الاتّصالات المدنيّة والاقتصاديّة مع كوريا الشماليّة لكنّه استبعد بدء مفاوضات لإعادة توحيد الدولتين.

وأكّد أن الصين تعهّدت ببذل مساعٍ حميدة لإحلال السلام في شبه الجزيرة الكوريّة والتخلّي عن تأييد النزاعات المسلّحة والتشديد على أهمية الحوار. وأوضح كيم - بعد لقائه بالرئيس الصينيّ جيانج تسه مين- أنّ الجانبين اتّفقا على تعزيز العلاقات الاقتصاديّة مشيرا إلى أهميّة الدور الصينيّ في الحفاظ على استقرار آسيا، خاصّة خلال الأزمة الّتي تَعْصِفُ بدولها.

단어・숙어연구

غَزَا (ـُ)، غَزْوٌ	침입・침략하다, 점령・정복하다
اتَّهَمَ (ـِ)، اتِّهَام	(Ⅷ)비난하다, 규탄하다, 기소하다
خُطَّةٌ (ج : خُطَطٌ)	계획, 안
تَجَسَّسَ	(Ⅴ)탐지하다, 간첩행위를 하다
شَنَّ (ـُ)	진행하다, 벌리다
شَنَّ الغارة على عدوه	적을 습격하다, 침략하다
قَمَر (ج : أَقْمَار)	달, 위성
مُفَاوَضَةٌ (ج : مُفَاوَضَاتٌ)	회담, 협상
اِسْتَبْعَدَ ، اِسْتِبْعَادٌ	(Ⅹ)배제하다, 제쳐놓다, (عن)로부터 사라지다
حميد	찬양받을 만한
مُسَلَّحَة	무장된, 무력의
تَخَلَّى عن	(Ⅴ)포기, 그만두다
شَدَّدَ على	(Ⅱ)강조하다
عَصَفَ (ـِ)، عَصَفٌ	폭격하다.
أيَّدَ ، تأْيِيدٌ	(Ⅱ)지지, 성원하다, 강화하다

دَعَا (ـُ) إلى	호소하다, 요구하다; 초대, 초청하다
اِسْتِقْرَارٌ	안정
عدم الاستقرار	불안정

◘ 구문연구

① في الوقتِ ذاته 는 '바로 그 때에" 라는 뜻의 표준말로 في الوقت نفسِه 와 같다.

✲ 해석

북한, 아시아 침략을 준비하는 일본을 비난하다

도쿄-서울-통신사들 : 북한은 어제 일본의 정찰,첩보용 인공위성 발사 계획으로 인해 일본을 맹렬하게 공격했다. 또 아시아 인접국에 대한 침략과 세계 정복준비를 하고 있는 일본을 비난했다.

북한 관영 통신사는 그 인공위성이 군사무장영역으로 일본이 복귀하는 도중의 첫단계로 간주된다고 강조했다.

동시에, 김대중 한국 대통령은 어제, 지금은 한국과 북한간에 직접 회담을 위해 적당한 때가 아니라고 강조했다. 그리고 김 대통령은 북한과의 민간,경제 관계 강화를 촉구했다. 그러나 그는 양국 재통일을 위한 회담의 시작(문제)는 제쳐놓았다.

김 대통령은 중국이 한반도 평화 정착을 위해 훌륭한 노력을 경주할 것과, 무장투쟁지원을 중지할 것, 그리고 대화의 중요성을 강조할 것을 약속했다고 확언했다.

김 대통령은 또 장쩌민 국가 주석과 회동후, 특히 아시아 국가들을 강타한 위기 동안에 아시아의 안정을 유지하는 데에 있어서 중국 역할의 중요성을 지적하며, 양국은 경제 관계 강화에 대해 합의했다고 밝혔다.

قضايا عسكريّة واقتصاديّة وأمنيّة تتصدّر مباحثات كوهين في ثلاث دول آسيوية

الدرس ١٠

واشنطن – وكالات الأنباء – يبدأ وزير الدفاع الأمريكيّ وليام كوهين يوم الأحد المقبل جولة آسيويّة تستغرق ستّة أيام يزور خلالها هونج كونج وكوريا الجنوبيّة واليابان، وذكرت مصادر وزارة الدفاع الأمريكيّة (البنتاجون) أنّ الجولة تهدف إلى تعزيز العلاقات العسكريّة والروابط الاقتصاديّة بين الولايات المتّحدة ودول المنطقة.

وقال مسئول أمريكيّ رفيع المستوى أنّ محادثات كوهين ستتطرّق إلى ما وصفه بالخطر الّذي تشكّله كوريا الشماليّة، ونُظُم الدفاعات الصاروخيّة إضافة إلى عدّة قضايا أخرى، كما تمهد زيارة كوهين لزيارة مقرّرة للرئيس الأمريكيّ بيل كلينتون لآسيا في منتصف نوفمبر المقبل.

وأكّد المسئول أنّ الهدف الأساسيّ من جولة كوهين هو طمأنة الدول المتحالفة في آسيا الّتي تمرّ بأزمة اقتصاديّة بأن واشنطن ملتزمة بالوقوف إلى جوارها.

ويبحث كوهين الأوضاع الاقتصادية المتدهورة في المنطقة وتأثيرها على خطط الدفاع الإقليميّة، إضافة إلى الارتباطات الأمنيّة بين الولايات المتّحدة ودول المنطقة خاصة اليابان.

ويذكر أنّ واشنطن تسعى في الوقت الراهن لإقامة مشروع مشترك مع اليابان لبناء منظومة ضخمة لتدمير الصواريخ البعيدة المدى، وهو مشروع يتكلّف مليارات الدولارات، وقال مسئول أمريكيّ أنّ بلاده لاتحاول التدخّل في السياسة الداخليّة لليابان، إلاّ أنّه أشار إلى امتلاك طوكيو قدراتٍ عاليةً في التكنولوجيا المتقدّمة والكمبيوتر وهي قدراتٌ يمكن أن تسهم بفاعلية في تدمير الصواريخ المهاجمة قبل أنْ تدرك أهدافها.

❀ 단어 · 숙어연구

بَدَأَ (َ)، بَدْءٌ　　시작하다, 착수하다

تَصَدَّرَ	(Ⅴ)가운데 서다, (회의를)사회하다, 집행하다
اِسْتَغْرَقَ ، اِسْتِغْرَاقٌ	(Ⅹ)(시간이)걸리다, 요구되다 (في)…에 잠기다; 몰두하다
هَدَفَ (ـُ) إلى ، هَدَفٌ	…로 다가가다; …로 지향하다, 목적하다
مُسْتَوَى (ج : مُسْتَوَيَات)	수준
تَطَرَّقَ إلى …	(Ⅴ)…에 침투하다, 끼여들다, …을 언급하다, 다루다
مَهَّدَ، تمهيد	(Ⅱ)편하게 하다, 쉽도록 하다
الدول المتحالفة	동맹국
ملتزمة بـ …	의무 지워진
وقوف إلى جواره	그의 옆에 섬
مُقَرَّر	결정된, 고려된
حقيقة مقرّرة	기정사실
سَعَى(ـَ) ، سَعْيٌ	(إلى ، لِـ)…로 뛰다, …을 지향하다, 애쓰다, 노력하다
دَمَّرَ ، تَدْمِيرٌ	(Ⅱ)파괴하다, 황폐화키다
تَدَخَّلَ ، تَدَخُّلٌ	(Ⅴ)(في)…에 간섭하다, 참견하다
فَاعِلِيَّةٌ	효력, 효과
اِمْتَلَكَ ، اِمْتِلاكٌ	(Ⅷ)소유하다, 차지하다, 습득하다
قُدْرَةٌ	힘, 능력
مُبَاحَثَةٌ (ج : مَبَاحَثَاتٌ)	토의, 토론, 회담

구문연구

① الصواريخ البعيدة المدى 는 한정인데, 비한정을 쓸때는 صواريخ بعيدة المدى 로 쓴다.

② قدراتٍ عاليةً 은 امتلاك 의 목적어로 قدرات 는 여성 규칙 복수 형태이기 때문에 قدراتٍ 으로 쓰였지만 그 형용사는 목적어의 형용사이기 때문에 대격으로 쓰였다.

✲ 해석

아시아 3국에서의 코헨회담은 군사, 경제, 안보 현안을 다룬다

워싱턴-통신사들 : 윌리엄 코헨 미 국방장관은 다가오는 일요일 6일이 소요되는 아시아 순방을 시작하여그 기간중 홍콩과 한국,일본을 방문한다. 미 국방부 "펜타곤" 소식통은 이번 순방은 미국과 그지역 국가들 간의 군사관계와 경제 유대 강화를 목표로 한다고 언급했다.

미국의 한 고위 관계자는 코헨의 회담은 북한이 조성하고 있는 위험상황과 미사일 방어체제, 그밖의 몇가지 다른 현안들을 다룰것이고, 또한 코헨의 이번 방문은 오는 11월 중순에 있을 빌 클린턴 미 대통령의 아시아 순방을 위한 기틀을 마련할 것이라고 말했다.

그리고 그 책임자는 코헨 순방의 중요한 목적은 금융 위기를 겪고 있는 아시아 동맹국을 미국은 그 국가들의 우방국 이라고 안심시키는 것이라고 강조했다.

코헨 국방 장관은 그 지역의 경제 침체 상황, 그것이 지역 방어체계에 미치는 영향과, 거기에 더해 미국과 그지역간 특히 일본과의 안보 결속 관계를 검토한다.

언급할 만한 점은, 미국이 현재 장거리 미사일 파괴를 위한 대규모 체계 구축을 위해 일본과 공동계획안을 수립하기 위해 노력하고 있다는 것이다. 그것은 수십억 달러가 소요되는 계획안이다. 미국의 한 책임자는 자국이 일본 내정에 간섭하지 않을 것이라고 말했다. 그렇지만 그는 일본이 최첨단 기술과 컴퓨터에 고도의 능력들을 보유하고 있음을 지적하였는데 바로 그것은 목표물을 감지하기 전에 공격 미사일을 파괴하는데 효과적으로 기여할수 있는 능력들이다.

제6부 11과

القمّة الكوريّة اليابانيّة تدعم العَلاقات المتطلّعة للمستقبل

الدرس ١١-١

مع شبح الذكريات الماضية المُؤْلِمَة بين كوريا واليابان الّتي تطارد الكثيرين من الكوريّين اتّفق الرئيس الكوريّ كيم يونغ سام مع رئيس الوزراء اليابانيّ موريهيرو هوسوكاوا في لقاء قمّة مؤخّراً في كيونغجو المدينةِ التاريخيّةِ في جنوبِ شرقِ كوريا على العمل معا لبناء مشاركة تعود بالنفع على الطرفَيْن في مختلِف المجالات .

단어 · 숙어연구

شبح (ج : أشباح)	망령
مؤلم	아픈, 쑤시는, 마음 아픈
طارد	(Ⅲ)따라 다니다, 추적하다
اتّفق على ...	(Ⅷ)…와 협정을 맺다
لقاء قمّة	정상회담
بناء مشاركة	협력구축
عاد بالنفع على ...	…에 이익이 돌아가다

구문연구

① ...التي تطارد الكثيرين 의 التي 는 الذكريات 를 수식하는 절.

② في كيونغجو المدينة التاريخيّة 에서 المدينة التاريخيّة 는 كيونغجو 와 동격이기 때문에 속격으로 쓴다.

해석

한일정상, 미래지향적 관계를 공고히 하다

많은 한국인들을 따라 다니는 한국과 일본간의 아픈 과거 기억의 망령에도 불구하고 김영삼 대통령은 모리히로 호소카와 일본 수상과 한국의 남동쪽(에 위치한) 역사적 도시 경주에서 최근 (개최된) 정상회담에서 여러 분야에서 양측에 이익을 가져다 줄 협력구축을 위해 함께 노력하기로 합의했다.

الدرس ١١-٢

وأثناء لقائهما لأكثرَ من ساعتين ونصف في فندق هيلتون في السادس من شهر نوفمبر قدّم رئيس الوزراء هوسوكاوا اعتذاراً عن الأعمال الوحشيَة الّتي ارتكبها اليابانيّون أثناء خمسة وثلاثين عامًا من حكمهم الاستعماريّ لكوريا في مطلعِ هذا القرن .

بأسلوب المَراسم المتوقّعة قال رئيس الوزراء اليابانيّ للشعب الكوريّ "إننا آسفون جدا على أعمالنا الخاطئة، مرة أخرى إننا نعتذر للآلام الّتي عاناها الكوريّون" .

وقد اعترف رئيسُ الوزراء اليابانيُّ أنه في أثناء احتلال اليابان لشبه الجزيرة الكوريّة من ١٩١٠ - ١٩٤٥ أجبرت اليابان الكوريّين على استخدام اللغة اليابانيّة فقط في الأماكن العامّة وعلى تبنّي الأسماء اليابانيّة ، وسَلَبَتْ منهم فُرَصَ التعليمِ ، وجنّدتْ العديدَ من الكوريّين في الأعمَال الإجبارية ، والخدمات الجنسيّة في معسكرات الجيش اليابانيّ . وفي مؤتمر صحفيّ مشترَك مع الرئيس كيم في صباح اليوم التالي كرّر هوسوكاوا اعتذاره .

단어 · 숙어연구

اعتذار	사과, 사죄, 변명
الأعمال الوحشيّة	야만적인 행위들
ارتكب	(Ⅷ)저지르다
الحكم الاستعماريّ	식민통치
مطلع	처음, 초기, 시작
مراسم	의식, 제식, 칙령
أجبر..على ...	(Ⅳ)…에게 …을 강요하다
احتلال	점령
تَبَنٍ	채택
سلب (ـُ) ، سَلْب	빼앗다, 약탈하다
جنّد ، تجنيد	(Ⅱ)동원하다
أعمال إجباريّة	강제노역, 징역

◘ 구문연구

① لأكثر من ساعتين 에서 أكثر 는 2격명사이며 한정이나 연결형상태가 아니기 때문에 대격 (أكثرَ) 으로 쓰인다.

② في الأماكن 에서 أماكن 은 2격 명사이지만 한정상태이기에 속격으로 쓴다.

✻ 해석

11월 6일 힐튼 호텔에서 두 시간 반 이상 (지속된) 둘의 회동 중에 호소카와 수상은 금세기 초 일본인들이 한국에 대한 식민통치 35년 동안 저질렀던 야만적인 행위들에 대해 사과했다.

예상된 의례적 표현으로 일본 총리는 한국 국민에게 " 우리는 우리의 잘못된 행위들에 대해 매우 유감스러우며, 다시 한번 우리는 한국인들이 겪었던 고통들에 대해 사과한다"고 말했다.

또 일본 총리는 1910년부터 1945년까지 일본의 한반도 점령기간 중 일본이 한국인들에게 공공장소에서 일본어만을 사용할 것과 일본식 이름으로 개명할 것을 강요했고, 그들(한국인들) 로부터 교육기회를 박탈했으며, 강제노역과 일본 군 병영에서 성적 봉사를 하도록 많은 한국인들을 징용했음을 인정했다. 다음 날 아침 김대통령과의 공동 기자회견에서 호소카와 총리는 그의 사과를 반복했다.

الدرس ١١-٣

رحّب كيم باعتذار هوسوكاوا بتعليقه أنه خطوة رائعة في الجهود الثُنَائيَةِ للبلدَيْنِ لتحقيق فهم صحيح للتاريخ، ووضع أساس ضروري للتعاون والصداقة الحقيقية. واقترح الرئيس كيم تطويرَ مشاركةٍ واسعةٍ بين الأمتَيْنِ المتجاوِرتَيْنِ اعتماداً على التفاهم المتبادَل والتعاون عن طريق حلّ مشاكلِ الماضي في أسرع وقت مُمْكن . وقال "كما قال السيد هوسوكاوا قبل قليل علينا ألا نَنْسَى الماضيَ ، ولكن أيضا يجب ألا يحكمنا الماضِي" .

단어 · 숙어연구

في أسرع وقت ممكن	가능한 빠른 시간내에
جهد ثُنَائيٌ	쌍무노력, 양자간의 노력

구문연구

① اعتمادًا على 는 상태문(الحال) 이다.

② الماضي 는 비한정일때 ماضٍ 으로 쓰고 한정일때 주격,속격은 الماضِي , 대격은 الماضِيَ 로쓴다.

해석

김 대통령은 호소카와 총리의 사과를 협력과 진정한 선린에 필수적인 토대를 놓은 것이고 역사에 대한 올바른 이해를 달성하기 위한 양국의 쌍무노력에 있어서 괄목할 진전이라고 논평하며 환영하였다.

김 대통령은 가능한 한 조속한 시기에 과거 문제들의 해결을 통한 상호이해와 협력에 의거하여 두 인접 국가간에 폭 넓은 참여를 발전시켜 나가자고 제의했다. 그리고 김 대통령은 "조금 전 호소카와 총리가 말한 바와 같이 우리는 과거를 잊어서도 안되지만 아울러 과거가 우리를 지배해서도 안된다고 말했다.

الدرس ١١-٤

تبادل الزعيمان أثناءَ مباحثاتهِمَا وجهاتِ النظرِ حول العديدِ من المسائلِ المشتركةِ بما فيها سياساتُ الإصلاح عند حكومتَيْهما والأمن حولَ شبه الجزيرة الكورية ، وبرنامجُ الأسلحة النوويّة لكوريا الشماليّة ، والعَلاقاتُ الاقتصاديّة الكوريّة اليابانيّة .

واتّفقا على تشكيل مجلس استشاريّ لتنمية التطوّر المتوازنَ في العَلاقات الاقتصاديّة بين الأمتَيْنِ آخذَيْنِ في الاعتبار أنّ كلا من سياسة سيول الاقتصاديّة الجديدة تجاه طوكيو وإجراءات طوكيو لزيادة استيرادها من كوريا ستُسْهِمَانِ على المدى الطويل في علاقة تجاريّة للمنفعة المتبادلة .

❀ 단어 · 숙어연구

وجهة النظر (ج : وجهات النظر)	견해, 관점, 입장, 견지
مجلس استشاريّ	자문회의
على المدى الطويل	장기적으로
المنفعة المتبادلة	상호이익
إصلاح	개선, 개량, 개혁, 수리

◘ 구문연구

① آخذَيْنِ 는 쌍수로 상태문(الحال) 표현이다.

② ستسهمان 주어는 سياسة سيول 과 إجراءات طوكيو 이다.

✲ 해석

두 지도자는 회담하는 동안 양정부의 개혁 정책들과, 한반도 주변 안보, 북한의 핵무기 계획, 그리고 한일 경제관계를 포함한 여러 가지 공동 사안에 관하여 의견을 교환했다.

그리고 두 사람은 도쿄에 대한 서울의 신경제정책과 한국으로부터 수입을 늘리기 위한 도쿄의 조치 모두가 장기적으로 상호교차이익을 위한 무역관계에 기여하게 될것이라는 점을 고려해가면서 양국 경제관계의 균형있는 성장 발전을 위한 자문위원회의 구성에 합의했다.

الدرس ١١-٥

كذلك توصّلا إلى اتفاق لإنشاء خطّ هاتفيّ مباشِر يصِل "تشونغ وا ديه" القصرَ الجمهوريَّ الكوريَّ بالمقرّ الرسميّ لهوسوكاوا .

بعد المؤتمر الصحفيّ المشترَك زار الزعيمان وعقيلتَاهُمَا بولكوكسا ، المعبد البوذيّ من القرن الثامن في كيونغجو ، وألْغَيَا برنامجَهما لزيارة كهفٍ مجاوِرٍ بسبب الأمطار الغزيرة.

❀ 단어 · 숙어연구

توصّل	(Ⅴ)도달하다, 이르다

خطّ هاتفي مباشر	직통전화선
مقرّ رسميّ	공관
عقيلة (ج : عقائلُ)	(공식적인 표현)부인, 배우자
معبد (ج : معابدُ)	사찰, 절, 사원
كهف (ج : كهوف)	동굴, 굴

◘ 구문연구

① القصر الجمهوري الكوري 는 تشونغ وا ديه 와 동격이기 때문에 대격으로 쓰인다.

② زار 동사는 자동사와 타동사로 다 쓰인다. 자동사인 경우는 전치사 إلى 를 쓰는 것이 일반적이다.

✲ 해석

또한 두 사람은 한국의 대통령궁인 청와대와 호소카와 총리의 공관을 잇는 직통전화선 설치 합의에 도달하였다.

공동 기자회견 후에 두 지도자 부부는 경주에 있는 8세기의 불교사찰인 불국사를 방문하였으며, 많은 비로 인해 인근 굴(석굴암) 방문계획은 취소했다.